JN085027

職場関係がラクになる

相手目線メガネ
コミュニケーション仕事術

ぱる出版

まえがき

「相手目線メガネ」をかけるだけで仕事も人間関係もうまくいく

皆さんも小さな頃から、親や先生、または上司から一度は言われたことがあるのではないでしょうか。

「相手の立場にたって考えなさい」――

かく言う私も、昔から口を酸っぱくして言われて育ったひとりです。

今でこそ歯科医院の院長としてたくさんのスタッフに支えてもらい、地域の患者さんに可愛がっていただいていますが、ひと昔前の自分はひどいものでした。

コンプレックスで殻に閉じこもり周りが見えなかった学生時代。歯科医になって実績が上がると今度は「ドヤ顔」…。自分目線でしか周囲を見られない、**分厚い「自分目線メガネ」**を着けていた20代だったように思います。

それまで私は、自分のことは棚に上げて、周りの人に「なぜ?」「どうして?」と不満を抱くことが多々ありました。思い通りにならない状況にモヤモヤを抱え、周囲を否定する気持ちになることも常でした。

たとえば同じように、普段の仕事のなかで、上司や経営者、部下の言葉や行動にストレスを感じて過ごしている人は多くいるでしょう。深刻な心の悩みに発展し、職場を去らざるを得なくなる方もいるかもしれません。

それは多くの場合、**自分の目線と相手の目線が違うため、相手の言葉や行動が理解できない**ことによるものだと思います。

きっと人間にはデフォルトで、まず自分中心に考えてしまう「自分目線メガネ」が装着されているから、相手の言うことや行動に違和感を覚えたり、「理解できない」とイライラした気持ちになったりするのでは？とも感じるのです。

そこで、私は思いつきました。いま仮想現実を体験できる「VRゴーグル」というアイテムが普及しつつありますが、もしも、ifの世界の話ですが、装着すれば相手の目線で視界が開けて、相手の気持ちを把握できるゴーグルがあれば、人間関係やコミュニケーションにも苦労しないよな…。

もちろん、そんなドラえもんのポケットから出てくるような未来の代物なんてあるはずもありません。でも、自分の気持ちや意識、思考の持ち方次第で、そんなゴーグル＝メガネを着けることって可能なんじゃないかって…。

つまり、自分とは逆の目線になるメガネをかけたつもりになって周りを見通せば、これまでとはまったく違った視界が開けていくかもしれない――。

それが、「相手目線メガネ」をかけるという発想でした。

「相手目線メガネ」を着けると、目の前にいる人の感情や感覚をリアルに体験できます。そして、相手の本音や置かれた状況が瞬時にありありと分かり、かけるだけで「人間関係の悩みがゼロになる」、魔法のアイテムにすることができるわけです。

この本には、「相手目線メガネ」をかける思考術やコミュニケーション術を身につけ、上司や部下、同僚、経営者、パートナーなど、立場の異なる相手の「見え方」がどういうものであるかを知っていくためのノウハウが詰まっています。

実際には、ほとんどの場合「相手の立場を理解して対応すること」で、人間関係は劇的に改善します。つまり「相手目線メガネ」は相手の立場を理解し、あらゆるコミュニケーションを円滑にしていくマストアイテムになり得るのです。

たとえば本書は、次のような方に読んでいただきたい一冊です。

・職場の人間関係に悩んでいる人
・会社に行きたくない人
・なぜか仕事がうまく進められない人
・イヤな「あの人」の顔が浮かぶ人
・パートナーとの距離感が徐々に開いていっている人…etc.

この本で紹介する「相手目線メガネ」をかけるだけであなたの人間関係は驚くほど改善し、「周囲の全員があなたの味方になる」状態を作ることが可能です。

また、チームリーダーや経営者の方であれば、チームの生産性を向上させ、大きな成果を得ることができます。

「相手目線メガネ」は、自分がこれまで知らなかった世界を見ることで、心が軽くなるたくさんの気づきを得て幸せになる、究極の「ヒミツ道具」と言えるのです。

人は立場や置かれた状況によって、見えている世界が大きく変わります。

そんな「相手の目線」を知ることであなたの視界は一変し、人間関係に良い影響を与えることをぜひ知ってください。本書で紹介していく「相手目線メガネ」をかけて、これからのあなたの人生を劇的に変えてほしいと願っています。

「職場」が幸せになれば〝人生幸福度〟が変わる！

はじめまして、私は愛知県で歯科医院の院長をしている山村よしあきと申します。

「相手目線メガネ」の開発の経緯について、もう少しお話しさせてください。

私は小学生時代に中学受験戦争を戦い抜き、念願の志望校に合格したものの、自分の実力以上の難関校に入学してしまったことであっという間に落ちこぼれに。さらに大好きで3歳からやっていた野球もヒジの故障で部活を断念。目標ややりがいなどを見失い、授業中いつも教室の窓の外をただ眺めているだけの、パッとしない「窓際族」として学生生活を送りました。自分の思い通りにならないというコンプレックスの強い学生時代を過ごしたせいで、「分厚い瓶底」の「自分目線メガネ」を長年装着していた人間でした。そんな自分目線メガネを装着し続けてきた青春時代だったのです。大人になり、恩師や友人・家族の助言のおかげで、「歯科医師」という職業に就くことができたのですが、基本的には、「自分目線」でしか物事を見ることができない、判断することができない、そんなクセがずっと抜けずにいたものです。

勤務医として働いていた歯科医院で患者さんの指名NO・1勤務医になったときも、「私は何でもできる!」と有頂天になり、勢いそのままに自分のクリニックを開業してしまいました。

しかし蓋を開けてみると、予測していた来院患者さん数には程遠く、経営的にも大変な苦労をしたのです。「自信過剰」だった私がギスギスした職場を作ってしまい、スタッフは次第に辞めていくことに…。院内の雰囲気も悪くなり、さらに患者さんの足は遠のいて経営的に苦境に陥り、2年後にはついに運転資金が底をつきました。そう、時代が変わっても自分中心で「自分目線メガネ」をかけ続けて生きていたわけです。

「このままではいけない…なんとかしなければ」

そんなときです。悩みに悩んでいる私を見かねて、友人が日本の脳科学の分野での第一人者である「西田文郎」先生を紹介してくれました。私にとってはまさに、人生が180度変わるくらいの電撃が走るような、そんな運命的な出会いでした。

西田先生から教えていただいてことはたくさんありますが、そのときに衝撃を受けたのが、

「自分がどんなに熱心に伝えても、相手に伝わらなければ、それは伝えていないことと同じ」

ということや、

「自分が見えている景色（価値観）でも、目の前の相手が同じ景色が見えていなければ、相手は心の底から納得することはない」

という考え方でした。

自己主張ばかり強く、自分がやりたいことや価値観だけを一方的に押しつけていた毎日…。経営が立ち行かなくなるのは当然のことでした。ようやく、**すべてのマイナス要素が「自分目線」にあることに気づいたのです。**

そして、「患者さん指名ＮＯ・１歯科医師」という生意気な自分目線で世の中を見下していた景色と、「事業失敗の当事者」として地べたに這いつくばりながら、目の前の人の望んでいるもの、考えていることになんとしても応えていこうと考えを改めたときの「世界の見え方」が、１８０度異なることに気が付きました。

「そうか、立場や置かれた状況によって見えている世界はこんなにも違うんだ…。これからは『相手の目線』を考えて良い人間関係を構築し、スタッフや患者さんに愛される職場を作らなければ…」――これが、「相手目線メガネ」が生まれた瞬間でした。

私は廃業寸前のクリニックで、まずは自ら「相手目線メガネ」をかけて、スタッフや患者さんに接するようにしました。考え方を「相手目線」に切り替えたことで職場の雰囲気が良くなり、スタッフのモチベーションが向上して離職率が激減。職場の風通しが良くなって院内には笑顔が増え、患者さんの満足度も劇的に改善しました。

さらに、スタッフ全員に「相手目線メガネ」をかけてもらうようにしたところ、口コミや紹介で患者さんが一気に増え、地域一番の人気歯科医院になることができたのです。

私は自らが「どん底目線」を味わって開発したこのメガネで「幸せな職場」を作り、人生が劇的に変わりました。この経験を、ぜひたくさんの人と分かち合いたい——そう考えて、私は本書を書くことを決めました。

「相手目線メガネ」でかなえる「人生バラ色の世界」を、本書でみなさんと共有したいと思います。

相手目線メガネポイント⓪

自分が見えている景色（価値観）と同じものが、相手にも見えていなければ、価値観を共有することはできない。相手目線メガネはその相手の景色を見ることができる魔法のアイテム。

もくじ

第3章 相手目線のコミュニケーション術相手目線メガネがもたらす効果

第4章 「部下目線メガネ」をかけて信頼される上司になる

第5章 「上司目線メガネ」をかけてデキる部下になろう

第6章 「経営者メガネ」で会社から大事にされる存在になる

第7章 望む成果が出なくなる、8つの「自分目線」アクション

〈企画協力〉：潮凪洋介（HEARTLAND Inc）
〈編集協力〉：栗栖直樹　柴田恵理

第 1 章

「自分目線」が
職場の人間関係を辛くする

会社を辞めたい！の理由の8割超は「人間関係」だった

みなさんは、勤めている会社を辞めたい…と思ったことはありますか？

大手人材採用エージェントのエン・ジャパン株式会社による2022年10月の調査では、調査では、実に8割を超える人たちが「今までの職場で、人間関係に難しさを感じたことがある」と回答しています。就職するときは、雇用条件や勤務地、職場環境や設備、または給与や家からの通勤距離などを重視するものの、辞めていくときの最大の理由は実は「職場の人間関係」が理由です。

ただ、多くの経営者や管理職の方は、こんなふうに思うかもしれませんね。

「いや、うちの会社はそんなことないぞ。実際、人間関係で辞めるという社員の声なんて聞いたことないから」

勘違いなさってはいけません。人間関係で失敗した、人間関係が合わない…と辞めていく多くの社員は、表向きはそう言わず、就業条件や仕事の中身などを退職する理由として説明します。

人間関係でつまずいていることは、辞める理由としてストレートに表現しないのです。

また、退職報告の際、4割以上が、会社に「本当の退職理由を伝えなかった」と回答したそうです。会社に伝えなかった〝本当の退職理由〟のトップは、「職場の人間関係が悪い」という衝撃的な調査結果でした。

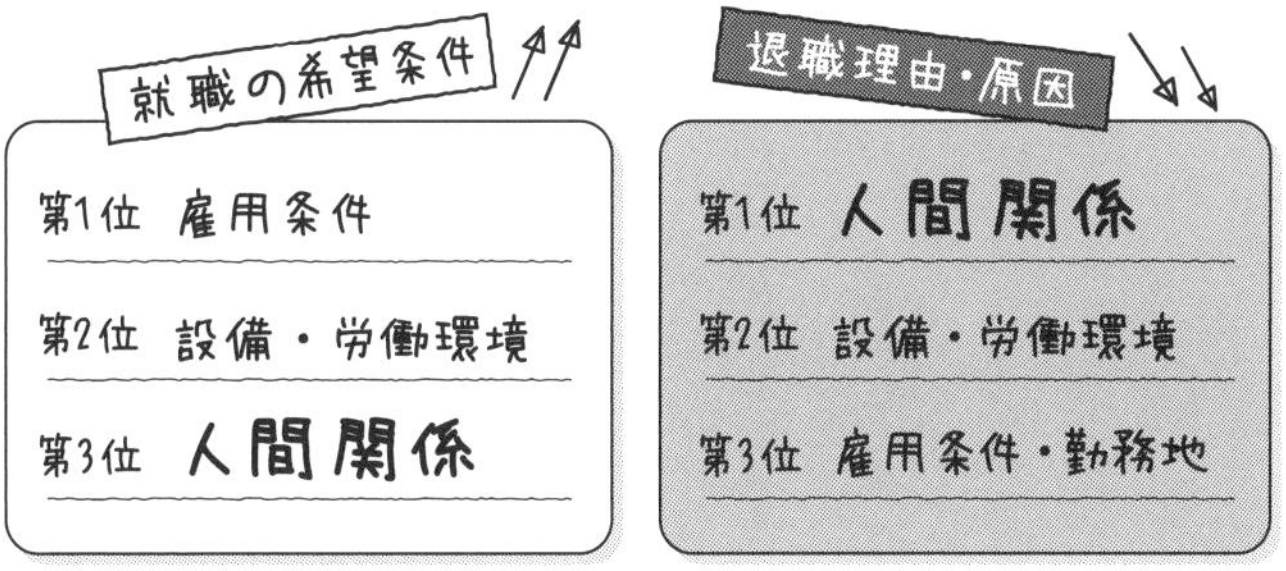

私たちのクリニックでは日頃から医院見学を数多くお受けしているのですが、その際にスタッフの方と院長先生の方から別々に話をうかがうことがあります。

院長先生は「うちのクリニックはスタッフの関係性もすごく上手くいっているんですよ」と言います。スタッフの退職の理由を聞いても、「ちょっと終業時間が遅いからなぁ…」「昼休みが短いのが原因かな」などとおっしゃる場合がほとんどです。

一方でスタッフの方と話すと「あの先輩とどうしても合わない」「院長とうまくいっていないんです」といった〝真実の声〟がたくさん聞かれるのです。

スタッフが会社を辞める理由の多くは実は人間関係が原因になっていて、表向きの理由とは実は違うということを、とくに社長さんや部長さんなどの管理職の方は知っておいてほしいと思います。

では、人間関係の悩みは、何が主の原因になるのでしょうか。

多くの場合で言えるのは、「お互いの価値観が合わない」ということ。代表的なものが、仕事に対する価値観の違いだと私は思います。

ひと昔前、「24時間戦えますか?」というキャッチコピーが人気を集めた健康ドリンクのCMがありました。40代以上の年代の方にはお馴染みのあのCMです。私も中学生くらいのときにそのCMを見て、「24時間戦うんだ…大人ってすげぇ」と感心することはあれども、そのCMを不快に感じることはありませんでした。

きっと、リアルタイムでそのCMを見ていた方なら、私と同じ思いをお持ちになっている方も多いのではないかと思います。でも、それを今のスタッフの若者たちに見せるとどうなると思いますか？ 100％の確率で、ひと言めには「ブラック企業！」と返されるでしょうね（笑）。

40代以上の方とZ世代の若者たちとの間に、このような価値観の違いが出るのは、脳科学的には「脳への出力と入力」が原因と言われています。40代以上の方は高度成長時代に右肩上がりの日本の中で、自分たちの親のモーレツに働く姿を見て育ちました。そして、繰り返し放送されるこのようなCMがインプットされ続けたので、仕事に対しての考え方、価値観が「暮らしを豊かにしてくれるもの」として醸成されています。

しかし、**Z世代に代表される若者たちは、Webなどで繰り返し、「仕事を頑張りすぎるのは良くない。プライベートを大切にしましょう」というインプットがされ続けています。**毎日そのような「出力と入力」が繰り返されているので、たとえ同じ仕事をしていたとしても年代によって「価値観」が異なってしまうのです。

そんな世代が異なる人々が一緒に働く職場において、**人間関係がうまくいかないのは、そもそもの仕事に対する価値観が違うからです。**同じ日本語という言語で話しているのに、話がかみ合わない、相手

の言っていることが理解できないのは、そういうことなのです。その結果、お互いにストレスが重なっていき、修復しがたい溝ができた結果、人間関係が苦しくなっていくのです。

あなたの職場は、そんな溝があちこちにできている状況になってはいませんか？　大切なのは人間関係を良くするために、まずは、あなた自身が仕事に対してどのような価値観で生きているのかを見つめ返すことです。

それを知ることで、あなたの大切にしていることを世代の違う同僚が大切にしているのかどうか？　大切にしないとしたら、その理由はなんなのか？

相手目線メガネポイント①

職場の人間関係が苦しくなってしまう最大の理由は世代間の「価値観」の違い。価値観とは正しいとか間違っているとかではなく、繰り返しの「刷り込み」で作り上げられることが多い。あなたの価値観が世代の違う相手に伝わらないのはそれが原因かもしれません。

仕事に対する価値観の違い…あなたは「一生懸命」が好きですか？

「一生懸命頑張る」「一生懸命仕事をする」…ふだん何気なく使っている、こうした言葉。けれども、この一生懸命に仕事をするというセリフは、現在の若者に関しては、受け入れられない言葉のひとつになりつつあるようです。

むしろ、「仕事で頑張りたくない」「プライベートを大切にしたい」「出世よりも楽に仕事をしていたい」「責任を負いたくない」という考え方が尊重され、「一生懸命に仕事をする」ことに嫌悪感を持っているZ世代の若者はもはや珍しくないと感じます。

でも、けっして彼らが仕事に手を抜きたいと心から思っているかというとそういうわけでもありませんし、能力がないわけでもありません。世の中や時代そのものが「一生懸命に仕事をしないほうがいい」という思考になっていて、その環境の中で思考を繰り返しているため、思い（脳）の中にそのような価値観が刷り込まれているだけなのです。

そうであれば、**〝一生懸命世代〟の私たちにも対応の仕方はあります。「相手目線メガネ」をかけて、彼らの価値観に寄り添ってみればいいのです。**

つまり、彼らの「一生懸命頑張らない」という定義に寄り添うことです。たとえば「100」という仕事の単位があったとき、「100」頑張ることが「一生懸命に働く」という合格ラインなら、それをあえて「80」に下げてあげれば良いでしょう。彼らの主観としては、「100」頑張ることが「一

生懸命」という定義なら、「80」であれば一生懸命頑張っている状況ではありませんね。それなら自然体で頑張れます。「一生懸命になりすぎない」という価値観ですので。ちなみに「100」を「120」に上げて合格ラインにしてしまうと、それこそブラック企業のお墨付きがつきます（笑）。

「100」の仕事を「80」やることに慣れてきたら、今度は、「120」の仕事を与えて、合格ラインを「100」にしてみましょう。彼らは同じように、「120」は一生懸命だけど、「100」なら自然体で頑張れるかも？　という気持ちになります。**大切なのは「頑張りすぎないこと」**。**それは彼らの価値観（主観）だからです。**

大事なところなので、もう一度お話ししますが、Z世代の彼らは、「手を抜きたい」わけでも、「頑張りたくない」わけでもありません。**一生懸命仕事を頑張りすぎることがよくないのでは？　という刷り込みの中で育ってきているので、一生懸命やりすぎることに違和感を覚えてしまう**のです。だったら、**余力を残した仕事の設定をしてあげれば、精神的にもプレッシャーを感じることなく仕事に打ち込むことができます。**

そうこうしていると、仕事が面白くなって、上司に言われなくても、自分自身で勝手にハードルを上げて成長していきます。

これが、自分目線メガネを外して相手目線メガネをかけてみることの効果です。

大切なのは、仕事を頑張って結果を出すことであり、そのプロセスはその人その人の感じ方に合わせればいい。結果は求めるけれど、一生懸命にやらなくてもいい。そのようなスタンスにすればいいわけです。

一生懸命という言葉ひとつとっても、感じ方は人によって異なります。その違和感のままぶつかり合ってしまったら、良い人間関係は構築できないものです。

相手目線メガネポイント②

自分の価値観を押し付けるのではなく、目の前の相手がその「あなたの価値観」に違和感を覚えないように、相手の価値観に寄り添ってスタートすることが大切です。

人間関係が悪化する原因はコミュニケーション不足だった

近年、「退職代行」というサービスを利用する人が増え、物議をかもしているそうです。退職代行とは会社を辞めたいとき、本人に代わって退職の処理を行ってくれるサービスのこと。以前、会社を病欠するときに、親が代わりに上司に連絡する新入社員が増えていると話題になりましたが、退職時の意思表示さえも代行を依頼する…、そんな世の中になってしまったようです。

日本労働調査組合の調査によれば、全国20～39歳の会社員523名の中で、「退職代行」の利用を検討している人はなんと44％にも上るとのこと。引き留められる、パワハラを受けているなど、「退職を言い出しにくい」ケースにこの「退職代行」が利用されているそうです。

「退職します」のひと言が言い出せない職場は、深刻なコミュニケーション不足が起きている代表的なコミュニティだと言えます。そう考えても、職場の人間関係が悪化する原因は、往々にしてスタッフ間でのコミュニケーション不足にあると言えるのです。

コミュニケーションは、「量」も「質」もともに大切です。このとき、**「自分目線メガネ」を通して見る世界だと、「この程度でいいだろう」と思っているコミュニケーションの「量」や「質」が、実は相手の価値観からすると、まったく足りていなかったり、そもそも質も悪いものだったりする**ということがよくあるわけです。

ここで、「コミュニケーションの量」についてもう少し掘り下げてみましょう。

たとえば、職場で何かのコミュニケーショントラブルがあった際に、「伝えました」「ちゃんと言いました」と返してくるスタッフがいますね。でも結局、自分がいくらそう思っていても、相手が伝わったと認識していなければ意味がありません。

大事なことは「相手がどう感じているか」「相手にどう伝わっているか」です。やっぱり大事なことは毎回言うこと（もちろん、心を込めて）が必要ですし、コミュニケーションの中で「量」は大切な要素なのです。もし、一度言えば十分であるなら、あなたの大切なパートナーへの「愛している」と言う言葉は1回で伝わるはずです。でも、何回も「愛してる」という言葉を伝えた方がパートナーには深く伝わるはずですよね♪

まぁ、私も含めた昭和のおじさんたちは、そんなの「何回も言えるか！」と言うかもしれませんが、この本を読んでいるあなたが、**この瞬間から世界を激変させたいのなら、大切なのは「コミュニケーションの量」。それによって、あなたの周りの景色が大きく変わることでしょう。**

いっぽう、「質」についてはどうでしょうか。ふだん周囲の人たちと交わすあいさつや返事、服装などは、一瞬で相手に「雰囲気」や「礼儀」を伝える「1秒コミュニケーション」です。これを「自分目線メガネ」だけで見た「このくらいなら別に大丈夫でしょう」という〝許容レベル〟で行うのは危険です。

人と人との基本的なコミュニケーションは、五感を使って相手が「快」に思うか、「不快」に思うかのふたつにひとつと言われています。これを自分さえ良ければいいという自分本位の目線でやれば、失敗する（相手を「不快」に思わせる）のはおのずと明らかでしょう。逆に自分本位でなく、相手が好みそうな服や振る舞いをできるだけ心がけることは、相手目線で目の前の人を「快」にしていくための必須の方法といえます。

それを怠ると、相手の心には「なんか違和感あるな」「ちょっと嫌な感じだな」といった「モヤモヤしたもの」が積もってしまいます。たった1秒でジャッジされてしまう振る舞いは、「相手目線メガネ」で見た「質」を意識しなければ、「モヤつも」で関係悪化に陥ってしまうのです。

「相手目線メガネ」をかけることで、量も質も伴ったベストなコミュニケーションが可能になります。本当のおしゃれさんはメガネにもこだわり、日によって、ＴＰＯによって付け替えるのです。

ぜひ「自分目線メガネ」を脱ぎ捨て、十人十色の「相手目線メガネ」を装着し、「コミュ力（りょく）イケメン」「コミュ力（りょく）美女」として垢ぬけましょう。

相手目線メガネポイント③
人と人とのコミュニケーションで重要なのは「質と量」。量が少なくても十分に伝わらないし、相手が不快に思ってしまうような質では、コミュニケーションをとっても逆効果になることも。

日本史上最大級の「自己中心時代」に突入！
～職場の人間関係が辛いのは「自分目線メガネ」のせいだった

「自分目線メガネ」とは言い換えれば、自己中心的な目線で物事を見たり考えたりしてしまうこと。

それを助長させた要因のひとつに、私はスマホやインターネット隆盛の文化があると思っています。もちろん私もネットやスマホは日ごろから重宝していますし、もはや生活に欠かせないツールであることは言うまでもありません。

けれども自分への戒めも含めて言えば、世の中は「便利になり過ぎた」のです。

便利であることは、最大限に「自分の思い通りになる」ということ。買い物をしたり、病院やお店の予約を取ったりすることも、人とリアルに関わることなく、すべてどんな深夜や早朝であっても自分の好きな時間に自分の都合で簡単にできるようになりました。

やることなすことすべて、自分の好きな時間に相手の状況などを考えずに完了することができる世界が当たり前の状況になると一体どうなったのか…そうですね。世の中の人々が、本当にあらゆる点でワガママになってしまいました。

自分の思いのままになる…あらゆることが便利になった一方で、逆にそうならないものにはストレスを感じてしまいます。たとえば、病院の会計待ちの時間。電車の待ち時間。予約を取ったのに時間通りに誘導されない時間。ひと昔前なら、少しくらい待つことに「疑問」も「不快」も感じていなかったのに、**現代の我々は便利になりすぎたせいで、「待つ」ということに我慢ができず、待たされるとストレスを感じるようになります。**言い換えれば、「自分の時間を奪われたくない」のかもしれません。自分の都合通りにいかないものにはキレて、何らかの形で感情を爆発させるケースが増えているわけです。

そう考えると、今や、日本史上最大級の「自己中心時代」になりつつあると私は思います。気づかないうちに誰もが「自分目線メガネ」を装着し、ふだんの生活の中でイライラをMAXにしているのです。

知り合いの歯科医院の院長からこんな話を聞きました。その医院は日曜日だけが休診のクリニックで、勤務しているスタッフさんは、法定通り週休2日になるように勤務シフトを設定し、いままで10数年運営してきました。ところが、新卒で入職したスタッフさんが、入職後わずか2週間で退職されたそうです。

退職の理由を聞くと、「勤務シフトの希望を自分の都合に合わせてもらえないから」というのです。強烈かつ明快なコメントに驚きましたが、自己中心時代もここまで来たのか…と少し悲しい気持ちになりました。

だって、たくさんのスタッフさんがすべて自分の思い通りのシフトになったら、会社は成り立ちません。自分の希望を聞いてもらうときもあれば、仲間の希望を聞くために時には自分がその仲間のために働くことだってあるからです。社会はお互いが支え合ってバランスをとりながら成立している世界なのに、そんな誰にでも分かるようなことが、「自己中心時代」に染まり、感覚が麻痺してしまうと分からなくなってしまうのです。

世の中のさまざまなところで便利さが競われ、それを享受するユーザーやカスタマーである私たちのメガネは、自然と「自分目線」のレンズが分厚くなっていく一方です。

便利さの競争が過熱していく世の中では、もはやこのことは変えられないでしょう。

これは決して、消極的なあきらめの気持ちという意味ではありません。

今回の例で挙げたケースは少し極端ではありますが、もはや変えることができないからこそ、その事実を積極的に受け入れ、その中で自分がどう生きるかを考えていくことが必要なのです。

21世紀に入り、最大級の「自己中心時代」を生きているのが今の若い人たちであることを認識すること。その変化に合わせていくことが重要だと私は思います。つまり、彼らの視界に合わせる「相手目線メガネ」を私たちがかけるわけです。

ただし、そのときに大事なことがあります。この本の底流にある、ベースになるテーマでもあるのですが、**「相手に合わせても、相手に迎合はしない」**ということです。

迎合の言葉を辞書で引くと、「自分の考えを曲げてでも、他人の気に入るように調子を合わせること」とあります。自分の意見を曲げるのではありません。**相手の目線で見ることで、自分の意見を聞いてもらえるようにする**ことなのです。

少し哲学的な表現になりますが、**「やり方は相手に合わせるけれども、あり方は自分に合わせて**

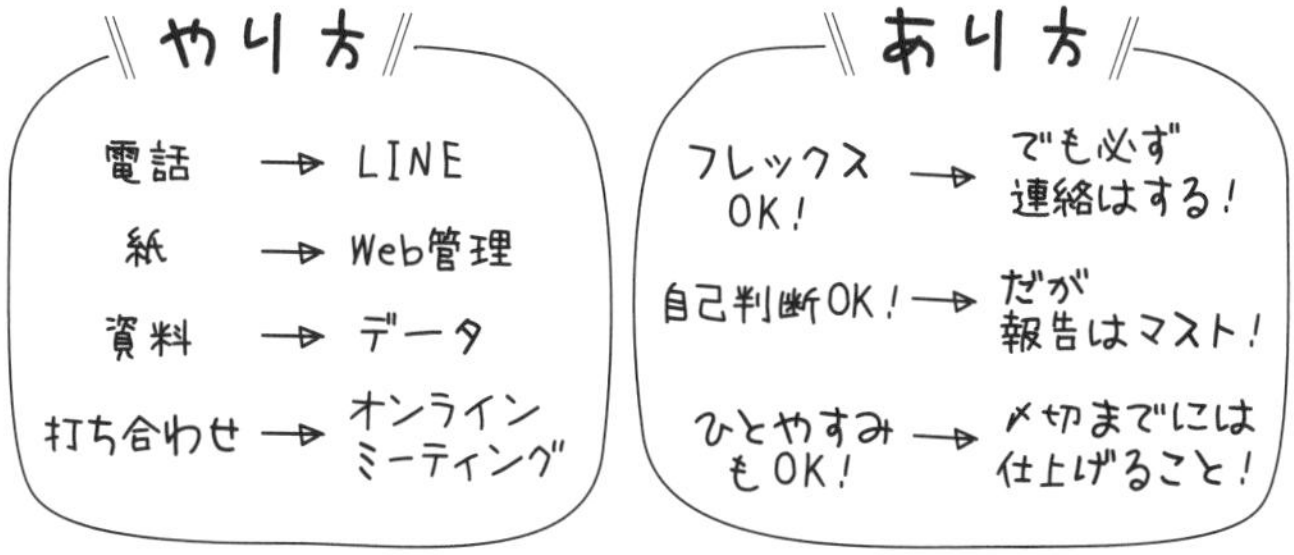

もらう」ということ。とくに職場でのコミュニケーションは、このスタンスがとても大事であることを、ぜひ本書でお伝えしたいと思います。

つまり、**あり方を自分に合わせてもらうために、相手目線メガネをかけて、相手のやり方に寄り添っていくアプローチ**――それが、私が実践してきた「〝相手目線メガネ〟をかけることで職場の人間関係がラクになるコミュニケーション術」なのです。

分かりやすく理解してもらうために、ひとつのシンプルな例を紹介しますね。

私のクリニックでは月に1回、スタッフ全体で食事を楽しむのですが、「懇親会」や「飲み会」という表現は使いません。なぜなら若い世代のスタッフたちは「飲みニケーション」というイベントに嫌悪感を抱いているからです。そのような価値観が脳に刷り込まれているからです。

だから当院では、**「懇親会・飲み会」の名称は「誕生日会」という名称にしています**（笑）。懇親会だと若いスタッフは敬遠しますが、誕生日会にするとみんな喜んで参加してくれます。なぜだか分かりますか？

その理由は、若い子たちは仲の良い友達同士では「誕生日会」という食事会をよく開催していると聞いたからです。

「誕生日会」とは文字通り、相手の誕生日をお祝いして楽しむ会。であるならば、当院での飲み会は全て「誕生日会」として、誕生月のスタッフをみんなでお祝いしましょう♪というルールにしています。この場合だと、自分の誕生月にもお祝いして欲しいので、他の人の誕生日会にも積極的に参加します。

正直、「誕生日会」だって、「飲み会」だって、結局のところ中身は一緒です。食事やお酒を飲みながら、懇親をはかるわけですから、飲み会を開催する目的は達成しているわけです。

「飲み会」では参加してこないですが、「誕生日会」だと参加してくる。まさに、あり方は私の狙い通りの結果になっていますが、やり方（アプローチの仕方）は若い子たちの方法で行うのです。これはかなり有効ですので、ぜひ、みなさんも試してみてくださいね（笑）。

このように、**相手の目線に立って行動すると、相手を「不快」にさせないので、相手の行動が変わります。**今回の例えで言うと、**誕生日会という名称にすれば、「不快」にならず、「快」な気分で懇親会に参加してくれるということ**です。当然、コミュニケーションを深めたいという結果も良い方向に変わります。

今回は「やり方」として、私は相手目線メガネをかけて、賛同してもらえる言葉に変えました。その結果、お互いを不快に感じることなくＷＩＮ－ＷＩＮのコミュニケーションが得られたというわけです。

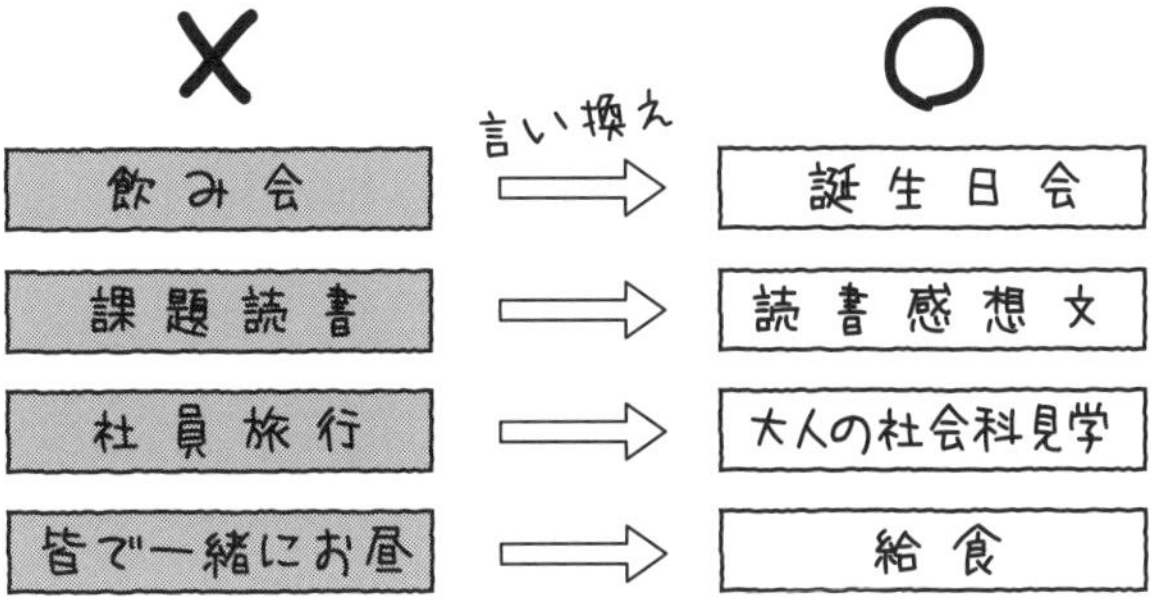

「相手目線メガネ」ポイント④

相手はやり方もあり方も自分の思い通りには理解しません。まずは価値観の入り口である「やり方」を相手に合わせることで「不快」にさせないようにすることが大切です。

自分目線で、「目の前の人」を雑に扱っていませんか？

人間関係が悪化する原因は、往々にしてコミュニケーション不足にあると言いましたが、令和になった今、人と人のコミュニケーションの量も質も悪くなっていることが大きな要因のひとつであることは間違いがないようです。

自分目線メガネをかけていることで生まれてしまう、人間関係の悪循環。その例を、いくつか紹介してみましょう。

ひと昔前までは、何かを調べたいときや情報を集めたいときは、多くの場合で上司や先輩にたずねながら仕事を進めていました。それが今では、インターネットを使って瞬く間に必要な知識を得ることができます。仕事上のプロジェクトを進めるときでさえ、先輩に聞くよりも自分でネットを使って調べた方が早いと思っている人は少なくないでしょう。

反対に、上司や先輩の側も自ら教えることはせず、「これ自分で調べてやっておいて」と部下や後輩に丸投げしています。人間的な関係が欠けたまま、仕事だけがＴｏＤｏで続いていく状況があらゆる業態で生まれているわけです。

裏返せば、もはや人から情報を得る必要がなくなりつつあるということでしょうか。そんなことは決してありません。なぜなら、**「自分目線」だけで集めた知識や情報は、とても薄くて浅いものであり、実際の業務を進めていくと、多くの場合でいずれ行き詰まってしまうからです。**

そして壁にぶち当たったとき、それを解決するための**固有の答えはインターネットには決して書かれていません。**困ったあなたはどうするか？　答えを持っている周りの人…上司や先輩、または同僚に聞くしかない、ということになるのです。

難しい問題になればなるほど、解決には人の経験や知恵、感覚といったものが必要で、そこには結局のところ、**人間同士のコミュニケーションが必要**になってきます。

けれども、もしあなたが上司であるとき、信頼関係がない人に解決のための〝マル秘テクニック〟を教えたいかといえば、そうではないでしょう。**必要なときだけすり寄るようにやって来て、それを奪っていく部下には教えたくないはずです。**

そうした社員同士のコミュニケーションをなるべくとらないという関係性が主体の職場だと、浅い知識や知見の中で仕事が進んでいってしまうため、事業や組織の成長など望めるべくもありません。当然ながら、心地良い職場とは言えないわけです。

たとえば、私の仕事は歯科医療です。抜歯治療ひとつとっても、参考書や動画研修など、世の中にはたくさんの情報にあふれていて、それを見れば抜歯など簡単にできてしまいそうですが、

そんなことはまったくありません。

人の体は、１００人いれば１００通りの違いがあります。それは口の中も同じ。抜歯においても技術が身につくまでは、指導医とのコミュニケーションの中で実際に見せて説明して、手取り足取り教えていかなければ本物の技術は伝わりません。

同様にみなさんの会社にも、**どんな参考書を見ても載っていない、経験に基づくスキルやノウハウ**は必ずあるでしょう。

自分目線だけで仕事を進めていては、必ず限界がやってきます。そうならないうちに、自ら「相手目線メガネ」をかけてみることです。**上司や先輩たちが、いつでも困ったときにあなたを助けたい、教えてあげたいと思ってもらえるような「快」の状態になるために、あなたが毎日、彼らと接していくコミュニケーションがあるはずだからです。**

人とのコミュニケーションが円滑になると、あなたの欲しい情報や知識は、きっと唯一無二の活きた価値として貯まっていくに違いありません。

「相手目線メガネ」ポイント⑤
自分が困ったときだけ、協力してくれる仲間や上司は、この世の中には存在しません。「あなたの力になってあげたい」と目の前の人に思ってもらえるような、目の前の人を「快」にさせるコミュニケーションを毎日意識していきましょう！

「相手ニーズ」を察知しないとビジネスでも生き残れない

前の項で「日本史上最大級の自己中心時代」と書きましたが、もっと言えば、今や「人類史上MAXの〝自己中〟時代」と言えるのかもしれない…そんな危惧が私の中に芽生えています。というのも、これまで大事にしてきたコミュニケーションの「相手」は、もはや人間でさえなく、インターネットという名の機械になってしまったからです。

これは、極めて大きな時代のエポックでしょう。私たちは生活の中で、パソコンやタブレット、スマホなどあらゆるデバイスを通じてインターネットに触れています。リアルな関係性以上に、

ＳＮＳによるコミュニケーションなど、ネットを通して「誰か」とつながっているわけです。

こうしたデジタル社会の到来は、ビジネスにおいても大きな変革をもたらしました。言うまでもなく、インターネットマーケティングの重要性です。

かつて、テレビＣＭで流れる商品をみんながこぞって買ったような時流ではなく、今やユーザーがあらゆる情報を手にして商品を選ぶ時代です。つまりは、**インターネットを通して「相手が何を望んでいるのかをビジネスの中に落とし込んでいかなければならない」時代**であるということです。

自己中心時代を生きる「自分目線」では、決してこの市場を生き残ることはできません。ネットの向こう側にいる相手のニーズをいかに見極め、汲み取ることができるかが、ビジネスの成否を左右します。

人は何に不便を感じ、何を望んでいるのか――。それを察知していく「相手目線メガネ」をかけることが、これからのビジネスの成果につながることを忘れてはいけないでしょう。

その意味でも、今の30代以下の世代は物心ついたときから、ネットやスマホが当たり前のように身近にありました。ＩＴビジネスひとつをとっても、もはや彼らの知識やノウハウにかなわない面があると感じませんか？

職場の人間関係では、以前は上司が部下に対して「これが当たり前」と示せば、部下はおのずと肯定するしかありませんでした。

でも、今はもう違います。極端にいえば、現代を担う若手人材——彼ら部下の言っていることのほうが正しいと思ったほうがよいのかもしれないと私は思うのです。

「おいおい、若い世代にそんなふうに簡単に迎合していいのかね?」……私と同じ昭和世代のおじさん上司たちは思うかもしれませんね。

いいえ、迎合ではありません。大事なのは前述したように、**「相手に迎合するのではなく、相手の視点になること」**。部下に対して「相手目線メガネ」をかけて、あり方は譲らず、やり方を彼らに合わせていけばよいのです。

「相手目線メガネ」ポイント⑥

今までの経験や知識が逆に足かせになることも世の中にはあります。「若者のこの感覚は正しい進化なのかもしれない…」そう考えることが彼らの価値観を理解できるひとつのきっかけになるのです。

「自分目線」はあなたの人生をひどく遠回りのものにする

もしも「自分目線」だけで人生を動かすことができれば素晴らしい!…そう思う人は多いかもしれません。けれども、それは単なる早合点です。

「自分の思うように人生が動く？」「すべてが自分目線で成立する生活？」…そんな人生や生活が本当に実現できるなら、誰だって望みたいのは当たり前ですね。でも、そんな願望は叶うはずもありません。自分の思うようにはならないのが人生。**世の中に存在するのが自分１人でない時点で、人生とは自身の思うようには決して進まないものなのです。**

小さな頃、たとえば保育園や幼稚園が最初だったかもしれません。子どもでもひとたび家から飛び出せば、そこからつねに人間関係やコミュニケーションがつきまとっていきます。

けれども、一見思うように進まなさそうな人間関係社会を選ぶことが、実は人生における成功をつかむための早道になることを、ぜひ知ってほしいと思います。

裏返せば、便利で効率的なモノや方法ほど、それが「自分目線」で行われてしまうのなら、結局のところ成功への道のりがひどく遠回りになるのです。

たとえば、パートナーとの出会いの場を提供するマッチングアプリ。面倒な手順などなく自分の好む条件に見合った相手を探し出し、出会いのチャンスが得られますね。効率の良い、極めてシンプルな出会いの場の提供ですが、つまりは**自分の趣味や嗜好に相手が合うかという「自分目線」を優先した仕組み**です。

世の中のマッチングアプリのすべてがそうだとは言いませんが、実際に自分の趣味や価値観に近いとデータで弾き出された方とリアルな交際を始めたとき、最初のうちは共通の話題や趣味などが合うので安心で楽しいかもしれませんが、月日が経つにつれて相手に自分の想いとは異なる部分を徐々に見つけるごとに、どんどんミスマッチになっていくというリスクがあるようです。

最初の時点で「相手に合わせる」という思考がなく、自分の好みや都合を最優先にして選んだ人というのは、「いつまでも自分の好みで動いてくれる人、自分の価値観に合わせてくれる人」と仮想空間の中で思ってしまいがちなのです。

そんな「自分目線メガネ」の考え方で接してしまうと、最初は自分の条件に合っていた人のはずなのに、少しずつ価値観や感覚に違いを生じてきます。

「こんなはずじゃなかった」「ここの価値観は合わないな」など、今まで知り得なかった価値観が登場し、マイナスの思考が生まれ、結局は別れてしまう人もいると言います。それは、**相手への評価が「自分目線」になっているので、相手を「減点法」で見てしまっているからです。**人間と人間の関係は、減点法よりも「加点法」の方がうまくいくことはよく知られています。

職場でも、新しいメンバーや従業員などが入ってくると同じような状況が生まれます。当初は条件面に見合う理想のスタッフが雇用できた、理想の会社に就職できたと思っていても、「自分目線で相手を見る」ことしかしていなければ、新たにイレギュラーな要素が生まれたときに、それまでの人間関係にほころびが生じてしまうことは少なくありません。

実は今の世の中にある「便利さ」は、私たちを生きやすいようにしているように見えて、実は後になって困るようなシステムになっていると感じます。

自分目線で便利さを追求しても、結局1人で生きていくことはできないわけですから、後になって人間関係が暗礁に乗り上げる懸念があるわけです。

もしそうなら、**最初から自分目線を捨てたコミュニケーションで、不便さを甘んじて受け入れながら、「相手目線メガネ」をかけた人間関係の中で生活するほうが、実は近道である**ということなのです。

だからこそ、まずはあなた自身が相手の視界や視点になってみて、相手の心のうちを理解しながら、人間関係やコミュニケーションを作っていきませんか？　そうすると、きっと相手も、あなたと同じメガネをかけてくれるようになりますよ。なぜなら、**「相手目線メガネ」をかけて自分に対応してくれる価値あるあなたのことを相手だって大切にしたいと思うからです。**

「相手目線メガネ」ポイント⑦
誰から見ても近道に見える道が、実はあとになって、遠まわりだったということが世の中にはたくさんあります。便利さを追求することで失うものがある事に気づいた人から人生が好転し始めます。

〝類友〟で「自分目線」の人ばかりが集まる地獄

「類は友を呼ぶ」…最近は「類友（るいとも）」なんて言われて日常会話でも気軽に使われます。

出典は中国の書物『易経』で、「善いものは善いもの同士で、悪いものは悪いもの同士で集まるものだ」という同書の記述が由来になっているそうです。

日本に伝わったのは江戸時代だと言われていて、いわば「類友」は、人間の普遍的な性質を表したものであり、今もそれは変わらない本質のひとつでしょう。

「同じような性質や趣味を持った人や物は、自然と集まる」という意味で使われるこの言葉は、良い面と悪い面があると言えます。

つまり**優しい人の周りには優しい人が集まるけれど、悪口を言う人の周りには同じように悪口を言う人が集まるということ。だとすれば、相手目線メガネをかける人の周りには、相手目線メガネをかける人が集まるし、自分目線メガネの場合には同じように自分目線メガネをかける人が集まるということです。**

自分目線メガネをかけた人を取り巻く世界は、奪い合いや取り合い、言い争いやマウンティングが渦巻いています。それでしか自分を表現できない、自分を救うことができない社会だからです。そして、そんな相手が増えれば増えるほど、敵が増えていきます。仲間ですら自分目線の人たちばかりなので、奪い合う毎日が続く、まさに地獄なのです。

たとえばあなたは、こんな経験がありませんか？　朝、出勤して職場に入ったとき、先に職場にいた2人がじろっとこちらを見て、それまでしていた話を突然終わらせる。そんな光景を目の前にすると、あなたは「あれ？　自分の悪口でも言われていたのかな…」と疑心暗鬼になるかもしれません。

自分が悪口や陰口を言われているのかな？　と思うと、人間の心理として仲間を募り始めます。自分を守るための鎧のようなものです。

自分が悪口を言われないようにグループを作っていき、それが職場の派閥になっていく。「類友」が広がってマイナスのスパイラルに拍車がかかり、もはや職場内は悪口の言い合いに――それが、自分目線メガネをかけた人たちの悲しい末路です。

逆に、もしもあなたが職場に入ったとき、すでにいた２人がいつも「相手メガネ目線」をかけている仲間だとしたら、あなたはどんなふうに感じるでしょうか？

相手目線メガネを意識して装着する人は、相手の悪口を職場で言うことで、それを見られたら相手が不快な思いをすることを知っているので、決して悪口を言いませんね。それを知っているあなたは、その２人に対して疑心暗鬼になることもないので、風通しの良いコミュニケーションが広がるプラス職場が維持されるはずです。

数多くのクリニックからの相談を17年間受け続けた私のデータから見ても、職場に誰か１人でも「相手目線メガネ」をかける人がいれば、時間はかかりますが、同じメガネをかける人は次第に増えていきます。

組織のコミュニケーションを円滑にし、人間関係のモヤモヤが１００％クリアになり、ストレスのない生活を送ることができる職場。そんな幸せな場所を作ることができる「相手目線メガネ」の実体を、次の章から説明していきましょう。

「相手目線メガネ」ポイント⑧

自分目線メガネは敵を作り続けるメガネ。
相手目線メガネは信頼できる仲間を作り続けるメガネ。

第 2 章

「相手目線メガネ」をかければ職場の雰囲気が明るくなる

相手目線メガネはかけたいときに、いつでもかけることができる

いま最先端の〝メガネ〟といえば、VRゴーグルでしょうか。メガネというよりもデバイスと言うほうが正しいかもしれませんが、ともかく「目に装着するもの」として世の中の先を行くものはVRに違いないでしょう。

ちなみに世界で最初にVRの装置ができたのは、1960年代だそうです。アメリカの科学者アイバン・サザランドによって開発された「The Sword of Damocles（ダモクレスの剣）」。ただし頭部に装着するにも重いために天井から吊り下げる必要があったとか。つけるだけでも大変そうです。それを考えれば飛躍的な進化を遂げている現在のVRデバイスですが、常時つけて歩いている人にはまだまだお目にかかったことはありません。

その点、私の〝開発〟した「相手目線メガネ」は0グラムです（笑）。肩も凝らず、耳も痛くならず、いつでもどこでも超手軽に持ち歩くことができます。

なにしろ、架空のアイテムですからね（笑）。

ではここで、あらためて「相手目線メガネ」の解説をさせていただきたいと思います。

「相手目線メガネ」は目に見えませんが、いざつけると素晴らしい機能を発揮します。

・かけると相手の視界が自分の視界になる
・相手の感覚感情、置かれた状況が瞬時にインストールされる

・相手の「良心」「愛情」に関する情報が即時ダウンロードされる
・相手と自分との「シンクロポイント」が抽出される
・相手とのコミュニケーションにおける「ベストアクション」が検索される…etc.

このメガネを装着することで、自分が見えている景色が相手が見ている景色に変えることができます。そして、相手の本音や置かれている状況が分かった上でコミュニケーションを取ることができるようになります。

また、相手の悪意を疑う前に相手の「良かれの思い（良心・愛情）」が検出され、体感できます。これらを感知することで誤解がなくなり、コミュニケーションがどんどん良好になるのです。

「相手目線メガネ」は、誰もがかけたいときに、いつでもかけることができます。それに、つけるときに難しい操作や作業など必要ありません。心の中で「相手目線メガネ」のスイッチをオンにすればいいだけです。とくに、**対人関係で「モヤモヤしたもの」を感じたときやイライラしたとき、思いがうまく伝わっていないときなどに「オン」にするとよいと思います。**

なぜなら、**そのように感じる瞬間は、あなたが「自分目線メガネ」をかけてしまっている可能性があるからです。**

あらためて「相手目線」というレンズを通して出来事を見つめ直してみると、「そうか、相手にはこういう意図や背景があったのか！」といったような発見があり、**あなたの中に生まれたネ**

ガティブな感情が消えていきます。それが相手目線メガネをかけたときに見えてくる、これまでとは違った視界なのです。

令和の時代は、この「相手目線メガネ」がマストアイテムになってくるでしょう。ライフスタイルが多様化し、100人いたら100人バラバラの興味、価値観、正義、嗜好、美意識、熱意、五感、体感…があるからです。

「相手目線メガネ」があれば、複雑で先の見えない「VUCA（ブーカ）の時代」を仲間と一緒に友情、愛情、絆を育みながら、ポジティブに生き抜いていけるはずです。

本書の冒頭で、私がこの「相手目線メガネ」をかけることになった経緯を書きましたが、自ら「相手目線メガネ」をかけて、スタッフや患者さんに接するようにした結果、地域一番の人気歯科医院になることができ、私自身の人生も大きく変わりました。

自分目線メガネでしか見ることができなかったことで「どん底目線」を味わい、開発したこのメガネで「幸せな職場」を作り、人生が劇的に変わったのです。

「相手目線メガネ」ポイント⑨
もし対人関係で「モヤッ」としたら、それは「自分目線メガネ」をかけてしまっている合図。
「相手目線メガネ」を装着して相手の意図や景色を理解してみましょう♪

相手目線メガネをかけると人がどんどん集まる

私は愛知県で歯科医院を開業していますが、数十年前は現代とは違い、虫歯の治療抜歯ができたら30代前半でも開業できる…という時代でした。

でも、今は虫歯やひどい歯周病になる前に歯科医院に来院される人が大変多くなりました。歯周病治療で来られる方には歯科衛生士さんという歯周病に対して治療を行うプロがいますし、インプラントや審美歯科、矯正歯科などさまざまなニーズに応える治療を提供する歯科医院も増えています。

従来とは異なる多様なニーズがあるだけに、歯科医院でもスタッフが相手目線メガネをかけて、「患者さんが何を求めているのか？」、「どんな治療をしてほしいのか？」、「患者さんのどこにニーズがあるのか？」といった様々な要素を把握することが欠かせません。

それができればおのずと患者さんは期待した通りの治療を受けることができるため、喜ばれますし、働く側にとっての満足感にもつながりますから、退職者が減り、入職者も増えて規模が大きくなっていきます。相手目線メガネをかけることで、人がどんどん集まってくるというわけです。おかげさまで私たちのクリニックには、私が定期的に主催するセミナーに参加していただいた方や、書籍を見てくれたクリニックの経営者などが数多く見学に来てくださいます。

現場では、お互いのコミュニケーションとして「ありがとう」という言葉がつねに出ていることや、スタッフ間の業務のカバーリングなどを褒めていただくことが多いです。

たとえば「歯科衛生士が受付の業務を手伝う」という職種の垣根を超えた相互協力は普通の歯科医院ではなかなかないことですが、当院では受付がSOSを出すと歯科衛生士はもちろん歯科医師も飛んできて、受付業務を手伝います。**職場の中でそれぞれが相手目線メガネをかけていれば、そのような連携は普段から当たり前のことになるわけです。**

「自分は自分の仕事さえしていればいい」、というまさに自分目線メガネをみんなが装着している職場では**「時間の奪い合い」が生じます。**いかに自分の時間を確保するか。「私の時間を邪魔しないで!」という思考に支配され、**「時間を共有する」という想いは生まれません。**

お互いに相手目線メガネをかけた職場であれば、「分かった、ここは私が何とかするからあなたはここを集中してやって!」と周りが状況に応じて動き、**お互いの役割や時間を越えて連携する**ことができます。この違いは、働きやすい職場を作る上で実に大きなものと言えるのです。

自分がやりたい仕事は、周りのサポートがあってこそできるもの。全力で好きなことができるのは、誰かがカバーリングしてくれているからです。そのカバーリングは、自分の目の前にいる仲間たちが、

私目線のメガネをつけてくれているからこそ可能なのです。

「今回も助けてもらったから、今度はあの人のために私があの人の目線メガネをつけよう」…そんなお互いを思いやる流れが職場に生まれていけばしめたもの。人が人を引き寄せて、良好なコミュニケーションの輪はどんどん広がっていくはずです。

これはきっと、どんな業種や**どんな会社にも当てはまる普遍の法則です。**

職場のみんなに、どれだけ「相手目線メガネ」をかけてもらうことができるか。良いコミュニケーションを生み、人間関係に悩まない職場にするには、そのことがとても大事であることは間違いありません。そんな相手目線メガネの持つメリットを、この章で紹介していきたいと思います。

「相手目線メガネ」ポイント⑩
人から奪う人生は、逆に人からも奪われる人生になります。与える人生は、みんなから与えてもらえる人生を過ごせます。世の中は鏡の法則（引き寄せの法則）だから。

相手の優先順位を知れば、職場の業務が円滑に進む

人が集まれば、組織になります。どんな会社の組織においても、いろいろな人がいて、それぞれ固有のスキルを持っています。

スタッフ各々が携わる業務の中で最大の成果を上げるためには、固有のスキルをうまく組み合わせ、1プラス1を2でなく3や4にしていくことが求められます。そのときに不可欠なのが、スタッフ同士の円滑なコミュニケーションです。

コミュニケーションを円滑にしながら業務を進めていく上でよく言われるのが、「お互いの仕事の優先順位を意識しなさい」という言葉でしょう。でもそこで問題なのは、**人が重要だと感じる優先順位は、人の主観によってさまざまであるということ。**自分にとっては別段緊急ではなくとも、目の前の相手にとっては急ぎの用件ということはよくあります。お互いの認識が食い違っていれば、業務を円滑に進めていくことは難しいものです。

では、それぞれの立場を変えてみて、自分だったら？と考えてみましょう。

ルーティンの仕事に加えて、予想もつかないトラブルがあなたに起きたとします。慌てて対応しているさなか、そういうときにかぎって上司からの時間と手間がかかる指示が舞い込んで来るものです。

そうなると、あなたの精神的な圧迫感は相当なもの。「こっちの仕事が急ぎなのに！」…イラ

イラもMAX値へと上昇していきますね。

そんなイライラの中で、周りにいる先輩や後輩が知ってか知らずか、あなたの目の前でのんびりと仕事していたら、どう感じますか？ のんびり笑いながら昨夜のドラマの話なんか始めようものなら、「もう我慢ならない！」なんてことになりませんか？

周りの人は、あなたが忙しいかどうか、イライラしているかどうかなんて関係のない話かもしれません。でもパニクっている人の目の前でのんびり笑っている人たちに対して、「少しは私の気持ちも察してよね！」という気分になるのも無理はありません。…僕ならきっとなります。だって、小っちゃい人間ですから（笑）。

では、逆のパターンを考えてみましょう。突然の仕事を振られて、テンパっている同僚が目の前にいたとき。あなたがとくに忙しくもしていなければ、どうしますか？

ここでぜひ、「相手目線メガネ」をかけてみてほしいのです。

忙しくて猫の手も借りたいくらいの状況にいる同僚の目線になったら、どんな景色が見えてくるでしょうか？ きっと分かりますね。忙しくてイライラしている相手は、どんな言葉をかけられたら嬉しいのかを…。

もしもそんなときに、**「それって、優先しなきゃならない仕事だよね！」「何か手伝うことある？」「一緒にやって早く済ませてしまおうよ」**なんて声かけられたら、**すごく嬉しくなるはずです。**

そして、そういう場面で助けてもらった経験がある人は、「今回助けてもらったから、次は自分がその人の忙しさに気づいてあげたいな…」という気持ちになることも多いと思います。

なぜなら人には「返報性の法則」というものがあり、提供してもらったことに対しては、その価値以上にして返したくなるからです。

逆に「人のことはなんて興味ないわ」「私には関係ない」という素振りを見ると、マイナスモードの返報性によって、知らず知らずのうちに相手を嫌な気持ちにさせてしまいますし、業務効率はどんどん低下するでしょう。

職場の業務改善は、相手目線メガネをかけることで、メンバーたちとの仕事の優先順位を把握することから円滑になることが多くあるのです。

「相手目線メガネ」ポイント⑪
お互いを思いやる空間づくりのために必要なのは、自分が助けられた経験。コミュニケーションが良好な組織には、「返報性の法則」が飛びかっています。

お互いを思いやる職場は離職率が低くなる

かつては離職の止まらないひどい職場だった当院でしたが、私が相手目線メガネをかけるようになってから、離職率が一気に低下しました。

ちなみに今、新卒就職者の入社3年以内の離職率はどのような数字になっていると思いますか？厚生労働省が2020年に公表したデータによると、19年における入社3年以内の離職者は約3割。大学卒の離職率は32・8％に上っています。

そのなかで、当院の場合は過去10数年にわたって7％以下を維持。みんなで相手目線メガネをかけるようになったおかげだと思っています。

本書の冒頭で、「人間関係に悩んでいる人は8割を超えている」という数字を紹介しましたが、離職の主な原因は人間関係であり、人が辞めない職場作りには、いかに円滑なコミュニケーションの中で仕事ができるかが言うまでもなく重要であるわけです。

人は基本的には、自分の心地よいと思えるリズムで生きていたいと思っています。**そのリズムを崩されることが「不快」になる一番の要因になります。**

職場には多くの人が共存していますので、**みんなそれぞれ好き勝手なリズムで生きてしまえば、お互いがお互いを不快にさせる存在になってしまいます。**

離職率の高い職場は、多くのスタッフの心が「不快」になってます。一方、離職率の低い職場は多くが「快」になっている。そんなシンプルな要素で離職率は左右されます。

不快を快に変えるためには、どうすればいいのか？ そう、やはり相手目線メガネをかけるのです。

ある日の職場での、こんな例を紹介してみましょう。

たとえば、あなたの部下がいろいろな仕事を抱えてしまい、少しオーバーワークだな…と感じながら仕事をしているとき。その部下のちょっとした仕事のミスを上司であるあなたが気づきました。今この場で指摘して解決するほどの緊急性はないのだけれど、必ずその部下に伝え、改善させなければいけない事柄が生じたとします。

伝え忘れがないように…とメモを取るなどで、後で時間を確保して、本人に伝えられればいいのですが、たいていの人は「今、この瞬間に伝えてしまおう」と思い、実際に行動に出てしまいます。きちんと冷静に、相手の立場になって伝えるのならまだいいのですが、何の配慮もなく反射的に注意する、つまりは感情的に相手に伝えてしまう人がほとんどなのです。

その理由として脳科学的には、人間は問題や課題をいくつか抱えていると精神的に不安定になってしまうので、脳がそうさせないように、その場その場で問題を処理していき、不安定にさせないという本能が備わっているからだと言われています。

脳科学的に言うとなんだか学問的ですが、**それって結局、自分目線メガネをかけている人の思考と行動の際たる例なんです。**そりゃ、主の生存を維持するために本能というものがあるので、何も意識をしなければ相手のことより、まずは自分自身が安定する行動を選択するのは当たり前と言えます。でも、その当たり前は、本能で人間同士がぶつかったときに何も生み出さないだけでなく、お互いを傷つけ合い奪い合う。そんな関係になるので本能のままで行動するのはとても危険なことなのです。

話を戻しますが、あなたからミスを伝えられた目の前の部下はきっとこう感じるでしょう。「なにも今、こんなに忙しいときにわざわざ言わなくても…」だとか、「たくさんの案件を抱えている今は、勘弁してほしかった」とあなたに対して敵意すら抱く可能性があります。

なぜなら、**あなたが反射的に、自分だけの都合の良いタイミングで相手に接する人だから、部下はあなたに対して「不快」になってしまうわけです。部下からすれば、あなたは自分の今の気持ちを理解してくれない、どんな正論であっても相手の状況を考慮に入れない存在。「思いやりのない」その行動自体が「不快」と部下に認定されてしまうのです。**

こうしたことが積もり積もった結果、離職という行動につながっていくのですね。

では、いったいどんなタイミングで指導すればいいのでしょう？ そこでも必要なのが「相手目線メガネ」の装着です。

ここで大切なのが、「今のタイミングで注意したら目の前の相手はどう感じるだろう？」「今のタイミングで仕事を振ったら嫌がらずに聞き入れてくれるのだろうか？」と、相手の状況を見ながら、つねに語尾に「？」を付けて考えた上で接することです。

自分目線の決めつけでなく、相手の今の状況を「どうだろう？」と疑問視してみる。相手目線メガネをかけるまで一瞬の間《ま》が、そのためのひと呼吸にもなります。

そうすることで、相手がもっともパフォーマンスを出すことができるタイミングを見極めながら、声をかけることができます。その結果、相手は「不快」な感情にならず、感覚的にあなたのことを「快」の存在として潜在的に刷り込まれていくことになるでしょう。

あなたがその人にとっての「快」な存在になることができるのは、そういった行動の積み重ねから、その人が心理的に安心できる人になっていくからです。

「そこまで考えて毎日を過ごさなければいけないのか…？」という方も読者の中にはいらっしゃるかも知れませんが、こう考えてみてはどうでしょうか？

あなたと同じ職場で働く人たちは、この地球上の70億人という途方もない人数の中から奇跡と言っていいほどの確率で出会った仲間たちです。そんな奇跡の確率で出会った仲間同士がぶつかり合って生きていくのは、あまりにもったいなくないですか？

せっかく出会った奇跡の関係なら、お互いを思い合えるような「相手目線メガネ」な関係を意識することで、仕事も人生も幸福を感じて、充実する毎日が過ごしたいと私は思うのです。

―― 「相手目線メガネ」コラム ――

感情を伝えることは
愛の告白と同じくらい慎重に

自分の感情を相手に伝えるもっともいい例が「愛の告白」ではないでしょうか？

だっていきなり、異性に会った瞬間に「好きです！結婚してください！」って言う人はなかなかいないと思います（逆にそのシチュエーションが新鮮な場合もあるかも知れませんが（笑））。

なぜなら、その方法では自分の思い（感情）を相手に伝えることが難しいことをみなさん知っているからです。だから、通常、何週間も前にデートの約束をして、1週間前に確認し、食事やデートのスケジュールを考え、お店を予約。前日にメッセージを送り、翌日の天気も調べて・・・。そして、いよいよ当日は実際に会って楽しい時間を過ごし、最後に自分の想いを相手に告白する…。

「気持ちを伝える」ということは、これくらい念入りに準備することで、初めて伝わるかどうかのステージまで上がれるんですね。

部下を注意・指導するときに、あなたが「部下に成長して欲しい！」という想いがあるなら、それはある種の感情を相手に伝える場面といえるでしょう。ただ無機質なマニュアルだけで育てるなら、それこそ機械にやらせればいいだけのことで、そこに「人」が介在するのなら、それは「感情」を持った行為であると言えるでしょう。

忙しい職場の中で部下に何かを伝えるときに、相手を思いやる心を常に持って、まるで「愛の告白」をするような慎重さと周到さで部下に接しているのなら、間違いなく、部下にとってあなたは「快」の存在であり、彼らからしたら、「何かあれば絶対に力になりたい」と思える存在になれるのです。

同じ日本人でもすれ違う〜共通言語を探そう

想いや気持ちを伝える…そのときに重要なツールになるのは、言うまでもなく「言葉」であり「言語」ですね。たとえばコミュニケーションの中で、もしも外国人の方にあなたが電車の駅までの道のりを尋ねられたとしましょう。

そのとき、たとえ相手の言っていること（言語）が分からなくても、イライラしはじめる人ってきっといませんよね。なぜなら**言葉がお互い通じ合わないことがあらかじめ分かっていますから**、絵を描いてあげたり、ボディーランゲージを使って、どうにかこうにか道のりを伝えたいと思うはずです。そして、その行為に不快な感情もすれ違いも何も感じないと思います。

でもそれが同じ日本人だと、話が違ってきます。**お互い「日本語」という共通言語を持っていることが前提ですから、言葉のキャッチボールができなければすぐにイライラしてしまいます。**

なぜ伝わらないのか？と、なぜ私の言うことが分からないのか？と。

日本語という同じ言語を使っているはずなのに、会話がかみ合わない。私たちの生活の中でそれが顕著にあらわれてしまうのが、世代間のギャップです。

たとえば、先述した「24時間戦えますか？」というかつてのCMのフレーズも、世代間の価値観が異なるため、若者たちには意味が伝わりません。**日本語ですので、言葉を認識することはできても、理解や共感することができないわけです。**

同じ日本語でも、世代ごとの価値観を認識してその「相手目線メガネ」をかけなければ、本当の会話は成立しません。

この問題を解決するにはちょっとしたコツがあります。それは、やみくもに「相手に言っても伝わらない言葉」を無理して使ってお互い混乱してしまうのではなく、**世代の違いがあるけれど、必ず共通の「興味」「流行の傾向」というものが存在するはず**なので、そういったところから価値観を合わせ、世代間のギャップを少しずつ埋めていくという方法があります。

相手の興味に合わせるには、意識してピントを合わせることで対応できます。たとえば、ちょっとした興味や趣味でOK。「お笑い」「アウトドア」「韓流ドラマ」「グルメ」「エンタメ」など。**人には価値観や趣味が似ていると、お互いの感情が「快」になるという「類似性の法則」と呼ばれる脳科学的な性質**があり、それがマッチすれば、お互いの共通言語…「快」になる共通ポイントが生まれます。

目の前の相手との人間関係を良好にしていくことにおいて、**自分からピントを合わせて共通言語を作っていく**ことは、とても大事なことなのです。

私は以前、なかなか打ち解けられない若手のスタッフがいて、会話がフィットしないな…と悶々としていたことがありました。そこで相手目線メガネをかけて観察してみたところ、彼がキャンプを趣味にしていることが分かったのです。

私もキャンプに興味を持とうと考えて、キャンプに必要な物品を購入するものをそのスタッフに相談したところ、キャンプ用品専門ショップに同行してくれただけでなく（しかも、そのスタッフはわざわざ休みの日に）、実際のキャンプに二度も連れて行ってくれました。

きっと、そのスタッフが心から好きな「キャンプ」に私が興味をもったことが嬉しかったのかもしれませんね。

そのスタッフが大好きなキャンプという「快」の雰囲気の中、人生や仕事について夜遅くまで語り合い、今では職場でも大いに信頼できる部下の一人になりました。**「言葉」ではなく、「趣味」というひとつの「共通言語」を見出したことで、世代の差を超えて、私とそのスタッフとの人間関係が変わることになったのです。**

共通言語は、自分が「相手目線メガネ」をかけることで見えてきます。**相手からではなく、自分から焦点を合わせていくことが大事です。**つまりは、最初に相手が「快」を感じることができるシチュエーションで、共感を得られるところからコミュニケーションを始めることが大切です。

同じ目線に立つ中で会話が始まる…。そう、そこから「言葉」が始まるのです。あなたも相手目線メガネをかけて、ちょっと苦手な人との共通言語を探してみてください。きっと、今までなぜだか伝わらなかった「言葉」が伝わっていることを感じるはずです。

「相手目線メガネ」ポイント⑫

世代間のギャップは言葉で埋めようとせずに、お互いの趣味や興味で生まれた共通言語で埋めていく。その後になって初めて言葉が通じるようになるのです。

やる気スイッチは人によって異なる

職場の仲間と一緒に仕事をしているとき、とくに部下などの若いスタッフの姿を見て、「おいおい、やる気あるの？」と感じる上司の方は少なくないと思います。

なんだか無気力で、やる気や覇気といったものが感じられない。士気の上がらない姿を見て、「一度、彼の心の中を開いて見てみたい！」…そんなジレンマを抱える年輩の方もいるのではないでしょうか。

ではそんな想いに応え、相手目線メガネを少し進化させて、彼の頭の中を少しのぞいてみましょう。ちょっとした「脳」の話に少しお付き合いください。

皆さん自身も今までの人生を振り返ったときに、何かに夢中にチャレンジしたときがあると思います。そこには何かの理由や動機、原因がきっとあったはずです。

人の行動を決定する際に働く人間の脳は、「本能の脳」「知識の脳」、そして「感情の脳」という3つの分野に分かれていると言われています。中でも「**やる気**」に**スイッチが入るのは、とくに「感情の脳」の部分への影響が大きく、理由や動機がその人の「心」に刻み込まれることでスイッチが入るということです。**

ただ同時にそのスイッチは、**「振り子の法則」と呼ばれる、人間の感情脳を大きく揺さぶる出来事がなければ発動しません。**

たとえば、1日モーレツに仕事をした後に飲むビール。ごくごくと喉を鳴らし、「クゥ〜」っと感じるあの感覚。まさに「悪魔的な美味しさ」ですよね（笑）「生きててよかったぁ〜」って。けれども、不思議なんですが、その同じビールが3杯目、4杯目になると、1杯目に飲んで感じたその感動を感じられなくなりませんか？

それには、実は脳科学的に明確な理由があります。なぜならば、喉が乾いている状態に「美味しい」と感じたその振り子は、1回振れたあと基本的に元に戻ってしまうからです。

振り子は「喉が渇いている」という「不快」の状態から、喉の渇きが消えたノーマルな状態に戻っています。その状態でビールを飲んでも、まったく同じものでありながら、得られる感動は大きく違ったものになるのです。人間の感情の振り幅は、振り子の振り幅に大きく影響を受けるからです。

つまり、感情脳が反応するような現象が起きるのは、何か満たされない思いがあなた自身にあるから。「不快」に感じている状況で何かの現象が起き、その振り子がプラスに触れたときに人間の感情は大きく変化が生じます。

オンラインゲームのRPGでも、最初から絶対に敵に負けない、無敵な状態ならゲームを進める上では安心かもしれませんが、「負けてしまうかも？」「失ってしまうかも？」というドキドキがなければ、退屈になってすぐにやめてしまうでしょう。

なぜなら、ドキドキという「不安」や「不快」な状況が前提にないため、感情脳が反応せず、すなわち「振り子」が振れないので、楽しみが湧かないからです。

部下の「やる気スイッチ」がどこにあるのか。**彼らの感情脳が反応する「満たされない何か」や「不快」に感じる何かがきっとあるはずです。**

目の前の人がどのような状況下で今の出来事に取り組んでいるのか？　なぜ仕事に悩み、落ち込んでいるのか？「不快」の中身を知り、「快」に変えていくことが必要です。相手の「不快」な状況を見つけ、それを改善したあとの快感を未来像として見せれば、感情脳が動きます。それが、相手の押すべき「やる気スイッチ」というわけです。

相手のやる気スイッチを押すことが上手な人は、「今、振り子を振らせたら感情脳が動く」ことを本質的に分かっている人です。そのためにも、目の前の人の相手目線メガネをかけて、まずは状況を把握することが大切です。

相手目線メガネをかけ、相手の視点になるからこそ、今の状況下でどんなプラスの振り子を振らせば良いのかが分かります。**相手の振り子の位置を知り、やる気スイッチを見極め、タイミング良く押してあげてください。**

ぜひ相手目線メガネをかけて、彼らのモチベーションが発動して「不快」を「快」に変えるものが何かを見つけてほしいと思います。

「相手目線メガネ」ポイント⑬
やる気スイッチは何も感情の起伏がない状況では押すことはできない。悔しさ・不安・リベンジや希望・誰かのためなど、感情の振り子が大きく振れる可能性がある状況で突然登場する。そのタイミングを見落とすな！

1日1人「誰かのメガネ」で毎日「新発見」

あなたの職場には何人のスタッフがいますか？　また職場に限らず、家族でも何かのサークルでも団体でも、人は複数の誰かに囲まれて日々を過ごしているものですね。

だからこそ、さまざまな人間関係のあつれきや、数々のミスコミュニケーションが生じるわけですが、せっかく「相手目線メガネ」という究極ツールを知ってもらったのですから、試しに一度フルに使ってみてほしいのです。

いえ、相手目線メガネに難しいマニュアルやトリセツはありません。1日1人、**あなたの周りにいる人たち1人ひとりのメガネを、日替わりでかけてみてはどうですか？**という提案です。

今日は、右隣に座っている主任のメガネ、次の日は少し離れた席で部下の顔をやたら見回している課長のメガネ、その翌日は窓際で難しい顔をしている部長のメガネ…。また次の日は、ちょっと視点を変えて、正面に座っている頼りない後輩のメガネもかけてみましょう。

自分目線メガネをいったん机の脇に置いて、上司や同僚、後輩たちのメガネをかけてみると、きっとたくさんの新たな発見があるに違いありません。

【課長の相手目線メガネ】

いつも課長は、周りに気を配りながら元気に挨拶してくれているなぁ。僕や後輩たち、そして、課長よりも上司の人が雰囲気を良くできるように、冗談話や時事ネタを提供してくれているんだな。

【部長の相手目線メガネ】

いつも厳しいことしか言わない部長は、売り上げの数字だけにしか興味がないと思っていたけど、商談のプレゼン資料なんかをちゃんとチェックしているんだな。ああ見えて、部下の仕事ぶりをいつも気にかけて見ているんだなぁ…。

【後輩の相手目線メガネ】

あれ？　オレが面と向かって話しているのに、パソコンから目を離さない…（泣）。いつもオレの話を聞いているんだか、いないんだか…でも、オレ自身が課長の話をパソコンの画面見ながら聞いてるぞ（汗）。そりゃ、その姿を見ていたら後輩も真似するか…。

こうやって、自分目線ではなく「相手目線メガネ」をかけることで、いつもは気づかない、意識していなかったことに、気づきを得ることだってあるかもしれません。

そうやって、ふだん自分目線メガネの視界でしかとらえられなかったことが、相手目線メガネをかけると視界が一気に変わるのです。

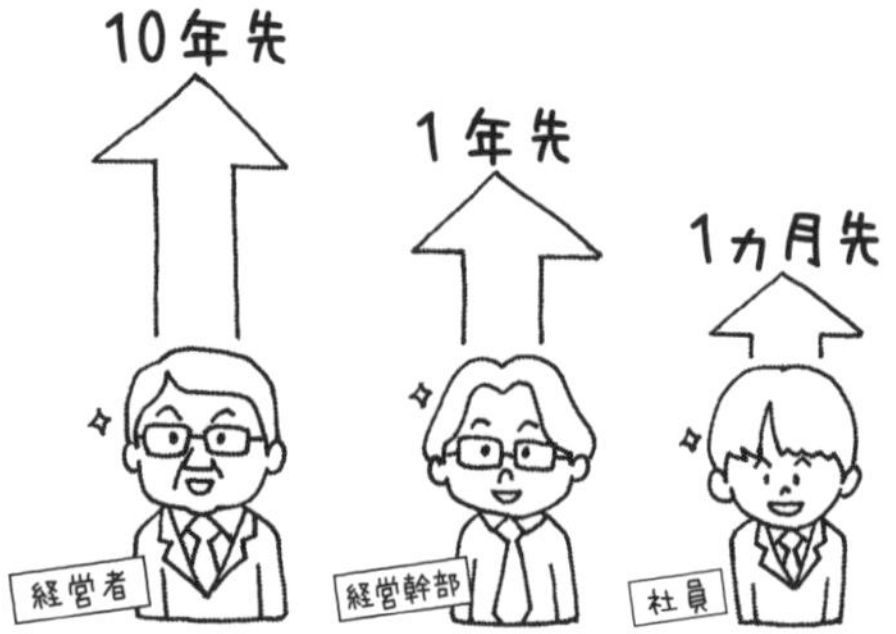

さらにこの「相手目線メガネ」が有効なのは、**そんな目線で周りの人のいろんな所作をチェックして、良いところはどんどんコピーできることです。**

しかも、見つけた良い点を自分にインストールできれば、好かれているA先輩のこういうところがステキだな…とか、B後輩の行動はまだまだダメだな…という発見から、自分のスキルを上げることもできます。

この人のこの喋り方、頷き方などを見て、「今日はこれを真似してみよう」という思考を持つこと。「真似は上達への近道」と言うように、**周りの人の良い部分を積極的に自分に吸収していくことによって、いつのまにかたくさんの人の良い部分をとりいれた「みんなに好かれやすい体質」にあなたも変わっていくことができます。**

「この先輩はステキだな」「こんな上司になりたい」「後輩だけど見習うことが多いな」…そう思ったら、相手目線メガネをかけてじっくり観察し、同じことをやってみると良いでしょう。相手目線メガネは真似を促して自身を成長させるアイテムでもあるわけです。

「相手目線メガネ」ポイント⑭
自分の行動が人に好かれているかどうかを調べるのはとても難しい。でも、あなたが見て、「すばらしい」と思う行動なら、そのまま真似たら、あなたは「すばらしい」行動をする人に自然となっていくものなのです。

他人のスキルをコピーして自分のものにできる

相手目線メガネをかけて、人の真似をする術を身につける。それは、相手のスキルやノウハウについても同様です。

人にはそれぞれが持つ〝得意技〟というものがあります。あなたがいる職場でも「この人はこのスキルがすごい」という人は必ずいると思います。

たとえば、クレーム対応に優れている人、笑顔がすごくステキな人や返事がすごくいい人。相談されやすい人や仕事がとても丁寧な人、清掃がすごく丁寧な人、事務的な仕事が得意な人…など、挙げればキリがないでしょう。そして残念ながら、その逆もまたおられると思います。

一方で、自分の姿は自分で見ることはできないので、自身の得意なところやダメなところを自分で完全に把握することはできません。

つまり**職場においての自身のスキルを上げていこうと思ったとき、「自分で自分を客観的に見ることはできない」ということに、まずは気づけるかどうかが大切になります。**

自分で自分を見ることはできませんが、その分**他人の良いところは客観的に見ることができます。**だから相手目線メガネをかけて、自分が「良い」と思った同僚・先輩・後輩・お客さんの行動や姿勢、言動を真似るわけです。そうすることで、自分の姿は見えなくても、良いと思うスキルやノウハウを身につけ、次第に理想の自分を作っていくことができます。

昔からよく言われていることに、**「守破離の法則」**があります。まずは先人の教えを守るところから始まり、習得できたらその型を破ること。最終的には独自のものに発展させ、己のスタイルを確立するという一連の流れのことをいいます。

まずは目の前の人を完全にコピーする。いきなり自分のオリジナルを加えることなく、まずは「素直」に完コピすること。そうすることで、いろんな人のさまざまな得意技を自分に移植することができると解釈できます。

そうすることで、周りの人があなたを見る目も次第に変わってくるでしょう。なぜなら周りの人から見たら、**あなたの行動や言動は、あなたが素晴らしいと思っている人の行動になっているはずだからからです。**

さらに良い効果があるのは、人の良いところを見つけると、その人が「快」の存在に見えてくること。なぜならその人は、まだまだ未熟な自分を高めてくれる存在になるからですね。

その意味では、いつも尊敬できないような上司や、いけ好かない後輩だったとしても、何かひとつくらいは得意なものを持っているはずです（笑）。「相手目線メガネ」でそれを見つけてコピーし、自分に活かしていけば、苦手だった相手への見方も変わるかもしれません。結果として、自分の成長につなげつつ相手へのマイナス感情を変えていく、一石二鳥の効果が得られます。

実際、私の医院でもこんな例がありました。職場においてはとてもおとなしくて、そんなに目立たないスタッフだった女性ですが、実は大阪のＵＳＪに毎月遊びに行くほどの絶叫マシン好きだったのです。

ある日、同パークに社員旅行で行くことを決め、すべての予約から遊び方の手配などを、そのときは多少不安な思いはありましたが、彼女に依頼をすることにしました。

職場で見せているような、消極的で不安そうないつもの彼女とはうって変わって、凝りに凝ったしおりから、パークを効率的に回るポイント、絶叫マシンが苦手なスタッフにもショーなどを楽しめるような配慮など、その積極的な仕事ぶりに全員が心底驚くとともに、旅行は大大成功に終わりました。

彼女にとって、ＵＳＪ絡みの遊び方はもっとも得意とするもので、その得意を活かし、みんなが喜んでくれた達成感という「成功体験」から、仕事では自信がないように思えていた彼女が、その日から取り組み方が変わり、自分のやれる範囲ですが職場で活躍できるようになりました。

周りのスタッフも彼女の隠れたアクティブさを見出し、「快」の存在として認識するようになったのです。その結果、彼女自身の自信につながり、仕事に臨む姿勢や意識も大きく変わっていくことになりました。

その人にとっての長所や才能は、ときに埋もれて隠れたままになって、自分では気づかないことが少なくありません。前述しましたが、「自分の姿は自分で見ることはできない」ので、自分で把握することができないからです。

ふだん目立たない人こそなおさら、**周りの人が相手目線メガネをかけてあげることで、隠れた強みや取り柄を見出してあげる努力をすると良いと思います。**たったひとつの成功体験が、その人の人生のターニングポイントになることすらあるからです。彼女がまさにそうでした。

人の得意なスキルを見つけ、それを自分のものとして身につけていく。一方で、その人の存在価値を高め、組織の活性化をはかることができる。**自分で自分の姿が見えないからこそ、相手目線メガネをかけて、周りの人を見てあげることが必要なのです。**

「相手目線メガネ」ポイント⑮

自分の姿は自分には見えない。それと同じように、自分の長所は意外と自分では気付けないことの方が多い。「あなたらしさ」はあなた自身が決めるものではなく、周りの人が見つけるもの。あなたを見つけてもらうために、まずは周りの人の良いところを見つけよう！

第３章

相手目線のコミュニケーション術
相手目線メガネがもたらす効果

まずは「好かれる」より「嫌われない」ことを目指そう

「山から遠ざかればますますその本当の姿を見ることができる。友人にしてもこれと同じである」これは、『人魚姫』で有名なデンマークの作家・アンデルセンの言葉ですが、「相手目線のコミュケーション術」のことをよく表しています。

良好なコミュニケーションを保つには、**相手との距離感が大事です。たとえば目の前の相手と良好な関係を築きたいと思ったときは、相手との距離感をいきなり縮め過ぎないこと。まずは遠くから相手をよく観察し、してほしいこと、してほしくないことを見極めることから始めると良いのです。**

「相手目線メガネ」をかけるとすぐに相手の視界を利用することができます。

そして、この「相手目線メガネ」には「遠近自動調整機能」が備わっているのがポイントです。

つまり、相手が好む「コミュニケーションの距離感」を自動調整してあなたに見せてくれる機能です。これをあなた自身が使いこなすことができれば、相手目線のコミュケーションはもう心配ないと言えるようになります。

たとえば、相手の視界を通して見るあなたの姿が遠くのほうに見えたら、相手はあなたから「プライベートなお誘い」をされたり、「核心に迫る話」をされたりする「心の準備」がまだできていない証拠です。

逆に、相手の視界を通して見るあなたの姿が近くに見えたら、相手はあなたのことを「心の距離が近い存在」だと思っています。その見極めを、相手目線メガネをかけてまずは行ってみましょう。

そして、まず重要なことがあります。**「好かれたい」と思うと、いきなり相手との距離を縮めることを考えがちな人がいますが、これはハイリスクな行動です。**たとえば、職場で女性に対して「今度、飲みに行こう」と発言することもそのひとつ。相手が嫌がっていたら、セクハラと受け取られてしまう可能性すらあります。

また、職場での例になりますが、**月曜日の朝一番に、若手社員に営業成績アップのテクニックや仕事術などの話をすることも要注意です。**

休み明けの月曜日に、若手社員の仕事へのモチベーションが高まっている状態なら良いでしょう。けれども、楽しかった休日の記憶が残った「まだまだ頭の中は休みモード」の状態で、**いきなり仕事の現実に引きずり込まれるのは心地良いものではない可能性**があります。

土日明けの月曜日は、多くの社員はなかなかモチベーションが上がらないのが普通です。でも経営者や上司は若手社員とは置かれている立場が違いますから、土日の休みを楽しんでいる間でも常に仕事のことを考えていたり、突然素晴らしいアイデアが浮かんでしまったりすることがあります。

前述しましたが、人間の脳は課題や問題を蓄積した不安定な状態を本能として嫌がりますので、土日にアイデアが浮かぶと、月曜日の朝に部下に対してすぐにでも伝えたくなってしまうのです。

そして、ミーティングでいきなりギアを上げて突っ走ってしまうのです。

一方、多くの若者たちは月曜の朝は気分も重いですから、どんなに素晴らしいアイデアだったとしても、**休みモードの頭から、徐々にスピードを慣らしていきたいと思っている自分を現実に引き戻す「不快」な存在のアイデアだと感じてしまうものなのです。**

そんな出来事が毎週毎週起きようものなら、なかには月曜日が来るのが怖くなってしまう…という若い社員も現われかねません。

ここでもうひとつ別の例え話を紹介しましょう。あなたが上司からプレゼン資料の作成を依頼され、毎晩必死になって頑張り、やっとのことそのプレゼン資料を提出したときに「いきなり否定」してくる上司の方っていませんか？（笑）。そんなとき、あなたは「いきなりダメ出しせずに、少しくらい中身見ろや！」と憤慨するでしょう。でも、少し落ち着いて考えてみましょう。**ひょっとしたら、あなたの「伝えるタイミング」が間違っていたかもしれません。そのときの相手の置かれている状況を精査してから提出していたのなら別ですが、もし、あなただけのいわゆる「自分目線メガネ」なタイミングで提出した**のなら、相手は感情的に否定してしまうこともあるかもしれません。だって相手はそのタイミングで書類を提出されることが「不快」だったかもしれないからです。

2つの例え話からも分かるように、**自分の都合の良いタイミングでコミュニケーションをいきなり詰めて、相手に重圧のかかる局面を作るのはNGです。うまくいくかどうかはギャンブルになります。**この場合なら、まずは相手＝若手社員を、どうしたら月曜日の朝に「快」の状態にすることができるのかということを考えてみましょう。脳が「不快」な状況でなく「快」なら、仕事の話も聞き入れることができるからです。

そのためには、「休みモード」の頭を無理やり「仕事モード」に切り替えさせるのではなくて、土日をどうやって楽しく過ごしたのか。どんな嬉しいことがあったのかを、まず聞いてあげて、話題にしてあげると良いでしょう。

そうすることで、「楽しかった休みが終わってしまった悲しい月曜日」ではなくて、「月曜日だけど、週末の楽しい思い出をみんなに話ができて、どうやらみんなにも参考になったみたいだし、また今度の週末が楽しみになってきたぞ！」という「快」な脳になっていきます。そうなると、「よし！ 今週もがんばるぞ！」という気持ちになるものなのです。

実際、当院では、月曜日の朝の朝礼は15分間あるのですが、10分間以上は数人に「いかに週末が楽しかったのか自慢」をしてもらうのが慣例になっています（笑）。

人によって価値観はさまざまですから、アクティブに遊んだ人はその内容を教えてくれますし、たとえ一日中寝てた人であっても「体力が回復できたね！」というプラスのメッセージを伝えることができます。

社員全体の7割が20代の女性である当院において、月曜日の朝から社員たちが笑顔満点で仕事をスタートしてくれているのには、こんな秘密があるのです。――つまりは、「不快な脳」を「快な脳」にする仕掛けがあるということなのです。

ぜひみなさんの会社でも、月曜朝のミーティングが「自分の週末幸せ発表会」に発展するようにしましょう。重かった月曜朝の雰囲気がどんどん良くなっていくかもしれませんよ。

「相手目線メガネ」ポイント⑯
「不快な脳」のときにどれだけ説得しても人は動かない。でも、「快な脳」の状態なら本質を感じて納得してくれる。大切なのは、何を言うかではない。相手があなたの話を聞き入れることができる脳が「快」の状態なのかを把握することなのです。

「服装改善」が〝相手目線メガネ〟の第一歩

良好な人間関係を作るには、自分が相手にとって「快」の存在になることが大事で、**今自分が「不快」に思われているのか、「快」なのかを認識する必要があります**。そのために、相手目線メガネをかけて判断することが大切と説明してきました。

相手にとって、自分が「快」か「不快」か。それが決まる要素のひとつに、「服装」を中心としたルックスの面があります。

たとえば最近はファッションのひとつとして、ジャージのような服装も普段着としての市民権を得ていますね。

ある若手のA君が、二回りくらい年上の上司に誘われたプライベートでの会食の場に、お気

に入りのジャージ風ファッションで登場しました。

彼としてはプライベートな会ですし、自分なりに今いちばん気に入っている服装を選んだつもりだったのですが、上司のほうは友人にA君のことを少し紹介しづらそうでした。

その上司の友人も上司と同じくらいの年齢である場合、今は市民権を得ているかもしれないジャージ風の服であっても、流行をご存知ないかもしれず、「寝巻きで来たのか？」と誤解してしまう危険性があります。

これは意図してはいないとはいえ、相手を「不快」にさせてしまったことになり、せっかく上司がプライベートでも食事に連れていきたい、友人に紹介したいと思ったほどの好青年なのに、**出会ったばかりで「不快」なマイナス感情からスタートするのは大変もったいない**と言えるでしょう。

これは、**いつも自分目線メガネだけをつけて生活している人には感じられない感覚かもしれません。**何度も会っていて、お互いが理解し合えている関係性なら何を着ても大丈夫だと思いますし、そこからは相手にあなたの「個性」を受け入れてもらえる良きアイテムになります。

時と場合に応じて、「相手目線メガネ」をかけて、起こりうる可能性について先読みの視野を持つことは、デキる社会人になるためのひとつのアイデアと工夫なのかもしれませんね。目の前の相手が気分の良くなる、「快」になる服装をチョイスするのは円滑なコミュニケーションのために大切なことだからです。

今回はプライベートでの話でしたが、特にビジネスシーンにおいては、デキる人は往々にしてセンスのあるスーツの着こなしをしていたり、きちんと靴が磨かれていたりするなど、服装をひとつの礼儀ととらえて気を配っている人が少なくありません。

「人を不快にさせないためにはどうしたら良いか」…その視点に立って考えたとき、服装という視覚的要素は重要ですし、もっと言えば、服装を変えていくことによって相手の評価を一気に変えさせることだってできるということです。

つまり、**相手目線メガネをかけて自分を変えたいとき、服装を相手目線のものに変えることは、誰にでもすぐにできて、効果としても高いものであるわけです。**

友人のクリニックでも、若い男性歯科医がいま流行りの〝腰ズボン〟気味に崩して着こなすファッションをしていたのを、きちんとした身なりにするよう直したら、年輩の患者さんからの指名が大きく増えたということがありました。

自分が良い関係を築きたい…と思っている人がいるなら、その人が好む服装にしてみましょう。

「服くらい、自分が好きなものを着たいなぁ」確かにそう考える人は多いかもしれませんね。でもそこはあえて相手目線メガネをかけてみる。それによって相手が心地よく相手が気分良く「快」の状態になるからこそ、両者の人間関係は良い方向へと進んでいくわけです。

あなたの個性を輝かせるのは、相手がその個性を「良い」と感じてくれるような「快」の状態にしてからの方が、効率がいいのですから。

「相手目線メガネ」ポイント⑰

自由という言葉は崇高な意味を持っています。あなたがやりたいように、したいようにすることはひとつの「自由」なのかもしれませんが、「目の前の相手のことを考えて服装を決めることもまた私の自由だ」そんな考え方の人は、ステキですし、周りの人はそれからあなたの本物の自由を全開で尊重してくれるに違いありません。

「アポイントのアポ」を取る―電話するタイミングを確認していますか？

いま、営業電話に関わらず、LINEやショートメールで、「今お電話してもいいですか？」という言い方を1段階発展させて、「お電話して迷惑にならない時間を決めさせていただいてもよろしいですか？」という、いわゆる「アポイントのアポ」を取る方が少しずつ増えていると聞きます。

これにはどんな意味があるのかというと、「電話」自体は時間もかかる可能性があるので、「今は忙しいから」という理由で断ることができますが、電話をするための時間を決めるアポイントはそれ自体にそれほどの時間がかかるわけではないので、その短い時間すら「忙しいから」という理由ではねのけることができず（実際にそんなにも忙しい方はいないので）、その申し出は了承されやすくなります。

これは、**相手に「心の余裕を作ってあげる」**という行為です。常に相手に時間的な（精神的な）余裕を与えることができると、あなたはその人にとって「不快」な存在ではなく、「快」の存在になることができます。

実はこれにも脳科学的なアプローチが隠されています。脳科学的なアプローチと言うと、小難しく感じますが、前述しているように、人の脳は「本能の脳」と「知識の脳」「感情の脳」の3つに分かれていて、今回の事例で関わってくるのも「感情の脳」が関わっています。

つまり、忙しく生きている現代人の自分に対して、いきなりアポイントを取りにこられると、「こちらの都合も考えずに突然連絡してきて、今アポイントを取る約束をさせるなんて…」と、反射的に「不快」のスイッチが入ります。

でも、営業の方であれば、1秒でも早くアポイントを取って交渉を開始したいと思っているはずなのに、わざわざアポイントのアポを取るというその行為自体が「相手が忙しいであろうということを念頭に置いている行動」であり、その時点で「不快」ではなくなるために、アポイントのアポを取る要請には応じやすくなります。

これもまた「返報性の法則」という脳科学を利用しているアプローチの法則です。何度も繰り返しになりますが、**目の前の人を「不快」にさせないこと。これが実は、多くの物事が成功するか失敗するかの分かれ目になっている**のです。

私の歯科医院のオペレーションにおいても、次回の治療の説明だけでなく、そのまた次の治療内容まで伝えておくことで、患者さん自身もスケジュールが立てやすくなることがよくあります。従来のような「次の治療内容だけ伝えればいい」という考え方ではすでに不十分で、２つ先の治療の予定まで案内しておくことが、１歩先を見た相手目線でのアプローチなのです。

毎回毎回、全部の治療の流れを説明されても患者さんも情報が多すぎて困ってしまいますし、次回の治療でいきなり抜歯と言われてもそれはそれで予定が立てづらく困ってしまいます。

感覚的に言うのなら、**１歩先でも10歩先でもなく、「２歩先」くらいの感覚を持ちながら伝えてあげる**と患者さんも行動しやすいし、心の準備も出来やすくてちょうど良いと思います。

「心の余裕を作ってあげる」という意味では、若手社員から上司への質問も、その場で詰めてしまうような内容では上司を苦しめてしまいます。

上司に少し難しい、ややこしい質問をしたいとき、その場でいきなり質問してしまうと上司に準備ができておらず、しっかりとした説明をしてもらえない可能性があります。それは上司にとっても本意ではないし、質問をした若手社員にとってもプラスではありませんね。

そんなとき、アポイントのアポをとったときのように、質問をすることを「告知」しておけば、上司にも時間的かつ精神的な余裕ができるとともに、あなたのことを「面倒な相手」として認定することもないでしょう。

「今度、○○の質問をしたいと思っていますので、お時間あるときによろしくお願いします」——こんな配慮をしてくれる部下なら、上司は楽。きっとその部下のことを「快」の存在として信頼するはずです。

そして、きっと、その上司はその人が持っている実力以上のこともしっかりとあなたのために調べてくれるでしょう。

だって、どんな上司だっていきなり質問されて答えられなくて、恥などかきたくないですから。

相手に時間と余裕を与えてあげるのは、「相手目線メガネ」を用いたステキな配慮と言えます。

「相手目線メガネ」ポイント⑱

その場でのいきなりの対応は相手への配慮が足りず、10歩先は先取りしすぎ。1〜2歩先取りをした対応くらいが、相手にとっては一番「心に余裕のある」気持ちになります。あなたの都合ではなく、相手がどう心に余裕を感じるのか？　それが見える人は、ビジネスマンとしてもかなり優秀な人であると言えます。

「巻き込まれたい５Ｗ１Ｈ」は十人十色だった

仕事でも何でも良いのですが、何か新しいことにチャレンジしたいと考えるとき。そのチャレンジを可能にする「条件」というものが誰にでもあると思います。たとえばビジネスの新しい案件なら、「この人員態勢が整えば受けられる」「この資金が得られればチャレンジできる」…等。

チャレンジすることの重要性は誰もが認識していますし、チャレンジなくして成功なし的な考え方は、老若男女問わず、きっと必要な考え方なんだろうと思います。けれども一方で、たいていの人は大きなリスクは取りたくないし、できればリスクを極限まで減らした上で、確実に成功する形でやりたいと考えるのが当然だとも思います。

つまり、人はつねにそれぞれの想いの中で、「ここのリスクがなくなればやれる！」「この条件が揃えば頑張れる！」というものが存在しているわけです。

私はそれを、**「巻き込まれたい５Ｗ１Ｈ」**と呼んでいます。

その人の内発的な条件ではなく、行動を起こすために必要になる外側からの影響のことで、先でふれた「やる気スイッチ」もこれに近いものと思われます。

それをこの場合、５Ｗ１Ｈで表現します。たとえば次のような６つの要素です。

◇When→どのタイミングで言うのか？　退屈なとき、ノっているとき、嬉しいとき、悔しいとき、挫折を味わったときなど

◇Where→どこで言うのか？　みんなの前で言われたほうが燃えるのか？　陰で労ったほうが嬉しく感じるのか？　メールなのか、直接なのか？　取引先の前なのか？　どの場所で言うのが一番やる気になるのか？

◇Who→誰に言われるのが一番やる気になるのか？　社長なのか？　部長なのか？　先輩なのか？　後輩なのか？　同輩なのか？

◇What→何をするのか？　目標はあるのか？　そういったことでやる気になる人もいます

◇Why→なぜそれをやらなければならないのか？　明確な理由があると腹落ちする人もいれば、あえて数値などを設定せずに精神的な目標によって頑張る人もいます。

◇How→どのような言い方をするとやる気ができるのか？　上からなのか、下からなのか？　感情的に言うのか？　母性本能をくすぐるように言うのか？　頼み方次第で、人は反応が変わります。

その人にとってどんな方法が「やる気」を引き出させる条件なのか、それを相手目線メガネで見ていきます。

たとえば自分が提案した新しい企画に対して、部下の数人がいまいち乗ってこない…。その理由が、この「巻き込まれたい5W１H」のどれかにあることは少なくありません。

この6つの要素に照らし合わせながら、表情の晴れない部下や同僚、上司がどこにアンマッ

チの要素を抱えているのか…それを思慮していくのが、このときの相手目線メガネです。

たとえば、「あの人には誘われても動かないけど、この人には誘われるとついて行きたくなる」。逆に、「この人にはついて行きたくないけど、この人にはついていきたい」…そういったケースもあります。

みんなの前で褒められることを嫌がる人もいれば、みんなの前で褒められるといっそうやる気が出る人。なかには、成功確率よりも、なぜそれをやらなければいけないのか…に執着する人だっているわけです。

「相手目線メガネ」をかけることによって、その人がどんなものに反応しやすいのかを見極めましょう。たくさんの部下を抱えるリーダーの方にそうした思考回路があると、リーダーとしての動き方や考え方が変わってくると思います。

なぜなら**人が動く動機というものは、100人いれば、100通りだからです。**内発的な動機から頑張るのが最高なのは間違いないですが、その内発的な動機が、外発的なきっかけでもそれはそれでいいんです。

結局人は、ひとりでは生きてはいけないので、何かのトリガーがその人の背中を押して、そのあとは自走しはじめるのなら、それは内発的だろうが、外発的だろうが、それはきっかけにしかすぎないからです。

「相手目線メガネ」ポイント⑲
内発的な動機づけで頑張ることのみが正解ではなく、別に外からの刺激で頑張っても、それはその人の個性です。大切なのは、チャレンジしたあとの経験を次にどう活かすのか? 外発的でもきっかけを与えられるリーダーがすぐれたリーダーなのです。

相手のモチベーションを上げる、「メガネ」の使い方

皆さんは、どんなときにもっともモチベーションのスイッチが入りますか?「負けてたまるか!」という逆境の場面ですか? それとも「褒められたら伸びるんです!」というイマドキの動機ですか? または職場において重要なスタッフが退職したり、配置転換したりして「自分がやらねば!」という責任感が高揚する場面でしょうか?

もしもあなたが、「自分の目の前の人にやる気を出させたい」と思っているのなら、あなた自

身があえて、「自分目線メガネ」をかけてみてください。

そして、**生まれてから今までの人生の中で、何かに夢中で頑張ったり、寝食を忘れるくらいに夢中になったりしたことはないのか？を思い出してみてください。**

そこまでのものがないときは、比較的これは頑張ったかな…という程度でも良いでしょう。とにかく、モチベーションに火がついた場面を振り返ってみるのです。

私の場合は、高校1年生のとき、日本女子バレーボールのワールドカップをテレビ観戦し、プレーに感動して翌日にバレー部に入部。そこから愛知県の選抜候補に名前が挙がるようになって人生が変わるきっかけができました。また、大学受験に落ちたことで勉強のスイッチが入ったことも、自分が変わる土台になりました。

仕事では、ある子どもの患者に喜ばれ、「山村先生じゃなきゃ治療は受けたくない！」と認められたことが、最初は気の進まなかった子どもの診療を積極的に行っていくきっかけになりました。

私の経験から言っても、モチベーションのきっかけになった出来事はさまざまで、それを多く持っていればいるほど、相手の気持ちが分かります。つまり、**相手目線メガネをかける前に、まずは自分目線メガネで自分自身のモチベーションのきっかけを振り返ってみましょう。**

相手のモチベーションを刺激し、相手をやる気にさせることが得意な人というのは、自分自身の過去の経験から、どうすればやる気スイッチが入るのかということを数多く知っている人です。自分の中のそうした経験を、いつでも引き出しの中から出せる状態にしておいて、相手目線メガネをかけて向き合うと、多くの仲間のやる気スイッチを押すことができる人になることができます。

私の職場にいたAさんは、そうやって後輩たちのやる気を促していったひとりです。

基本的に甘え体質だったAさんは、入職して3年ほどはミスも目立ち、決して優秀なスタッフというわけではありませんでした。

けれども、後輩が複数できて自分が頼られる存在になったときに、自分ができていなかったこと、仕事に集中できなかったこと、仕事が面白く感じなかったこと…**そうした過去の経験が、目の前の後輩たちにも当てはまることに気づいたのです。**

なぜ、後輩たちが仕事に対して前向きに考えられないのかということを自分の経験から知っていたのですね。

自分目線メガネから相手目線メガネにかけ替え、かつての自分と同じような思いをしている目の前の後輩の気持ちを汲み取り、「先輩として何ができるだろうか?」を考えられるようになりました。

その結果、グイグイと後輩たちを引っ張り、今では若いスタッフたちからもっとも頼れる先輩のひとりになっています。頼ってくれる後輩がいたことがモチベーションになり、自分の経験

を重ね合わせて、若いスタッフたちの心にスイッチを入れることができたのです。

過去に何かうまくいかないことがあっても、そこから逃げずに、しっかり記憶や記録にとどめておくことで、いざ相手目線メガネをかけたときの貴重な資料になることは少なくありません。

失敗は〝手がかりの宝庫〟ですから、上手くいったとき以上に上手くいかなかったこともすべて記載しておきましょう。自分目線メガネだと失敗に見えることも、相手目線メガネにかけ替えてみると、相手を導くための最高の教材になることは数多くあるのです。

「相手目線メガネ」ポイント⑳
この世の中に無駄な失敗などひとつも存在しません。その失敗を未来の成功に導くのか、それとも腐ってだめになるのか。それを生かすも殺すもあなた次第です。

トップ営業マンは顧客目線だから売れる

相手目線のコミュニケーション術に優れる人は、おのずと営業力に秀でています。

クラウド型ＣＲＭプラットフォームを提供するＨｕｂＳｐｏｔ Ｊａｐａｎ株式会社が発表した「日本の営業に関する意識・実態調査２０２３」によると、買い手が購買要素として重視している要素は、「製品の品質が高い」や「価格に見合う製品やサービスを提供している」よりも、「信頼できること」が第1位となりました。

つまり**一流の営業マンであるには、顧客の思いやニーズを察知し、それに応えることでいかに信頼されるかが重要**ということです。

そのために必要な要素は、お客様の立場に立った思考であり、執拗なセールストークやクロージングでモノを売るような人ではありません。そんなものは短期的な成果を得ることはできても、長くは続かないし、顧客から知人の顧客を紹介してもらうようなことも起きません。相手目線を持つことのできる人となりが、敏腕営業マンにとっての欠かせない素養というわけです。

それは、私たちの歯科医院でも同じことが言えます。たとえば私のクリニックでも、こんなことがありました。

今まで保険外の自由診療による治療をしていた奥様が、子どもさんの大学受験を迎える年になりました。当然ながら、学費の面でまとまったお金が必要になる時期ですね。高額な治療に関しては、費用面で二の足を踏むことも考えられます。

でもそれって、患者さんからはなかなか言い出しにくいものです。そこで私は、「提案なのですが、いつものような自由診療ではなく、保険内治療が可能な方法で考えてみましょうか？」とお声がけしました。

私はふだんから相手目線メガネをかけて患者さんに向き合っているため、家族構成についてもできるだけ事前に把握していて、状況に見合った助言や進言をさせてもらっています。

その結果、患者さんも「自分への心遣いなんだな」と察知してくれますし、少し時間が経ったあとで「子供のこともだいぶ落ち着いたので、自由診療の治療で再開をお願いします」と言っていただくこともできました。

つまりは、顧客目線メガネをかけることで相手に合わせ、想いに寄り添った心遣いができるかどうかが接客の基本。営業マンの場合、そうやって自分のファンを増やしていくことができる人が、トップセールスマンとして活躍していけるのだと思います。その奥様は、それ以来、数多くの知人を当院に紹介してくれています。きっと、その人その人によって、「相手目線メガネ」をかけて対応してくれる医院だろうという期待からだと思います。本当にありがたいと思っています。

当クリニックの例が続いて恐縮ですが、たとえばベテラン歯科衛生士であるＢさんは、相手の心に寄り添うケアをつねに心がけているひとりです。

歯科衛生士として、予防歯科の重要な役割を担う彼女は、ある日担当患者のＡさんがあまり歯みがきの状態が良くなく、検査をすると歯茎から出血するような状態であることを認識しました。

通常であれば歯ブラシができていないことを指摘して、それが体にどのような悪影響をおよぼすかを説明し、歯みがきについての指導をするでしょう。歯科衛生士にそうしたケアをしてもらった方は読者の中にも多いと思います。

けれども、彼女のアプローチは少し違いました。彼女は日頃から、患者さんの記録をこと細かに手元に書き残す「メモ魔」でした。つねに脇にメモ帳を置き、その患者さんのケアの流れを確認して、メモとして書き残しているのです。

Aさんはビジネスマンで、ちょうどその時期は仕事の繁忙期でも何でもなく、それなのに歯みがきがおろそかになって歯茎の状態が悪化していることに、「なぜ?」と疑問を抱いたのです。きっと何かの原因があるはずだと考えて、「お仕事、お忙しかったんですよね。生活リズムが崩れていませんか?」と心配そうに尋ねたのです。

Aさんは、「実は突然のプロジェクトが入ってしまって、毎日深夜帰りなんだよね」と、疲れた表情をしながらも、Bさんが気づいてくれたことに感謝して、安堵したような表情を浮かべておられました。

少し経ってAさんが再び来院されたときには、きれいに歯みがきができた状態で、歯茎の炎症も治まっていました。そして、「このあいだはどうもありがとう。おかげで何だか気持ちをリセットできました」と言ってくださいました。

この患者さんがおそらく一生、Bさんを指名し続ける、いわゆる「ファン患者さん」になっ

てくれることは容易に想像がつきます。

それは「歯みがきができていない。そんな状態だと歯周病が進行してしまいますよ」という「正しさ」を押し付けて責めるのではなく、Aさんの立場を理解し、尊重してあげる。ふだんから患者さんの状況や状態についてメモを取るという、「相手目線メガネ」をかけて接していたのがAさんでした。

相手の想いや状態に寄り添い、相手の心をつかむことによって、信頼関係をベースにした長いお付き合いができるようになっていく。一流の営業マンになるための資質は、そんなちょっとした意識の変化で持てるようになるのです。

「相手目線メガネ」ポイント㉑

いつも「相手目線メガネ」をかけて、目の前の相手の情報を記録しておくことで小さな変化に気づくことができます。ファン顧客がたくさんいるデキる人は、そういった小さな変化を決して見逃しません。

帰宅後に奥さんの話をすぐに聞くべき理由とは？

これまで、職場をはじめとしたビジネスシーンを中心に「相手目線メガネ」のメリットについて書いてきましたが、少しシチュエーションを変えて、家庭の中での話をしてみましょう。

きっとどの家庭でも、旦那さんにとって奥さんの影響力は決して無視できないものですよね。「無視なんてとんでもない！」と戦々恐々とするご主人は多いと思いますし、家庭という〝組織〟において奥様の機嫌を損なうことは、平和を壊しかねない一大事になり得るものです（少なくとも私はそう思っています）。

それほどまでに重要な「奥様マネジメント」。それが不十分だと、結局は自分に「しあわせ」ではなく、「しわよせ」がきてしまいますから最大限にご注意ください（笑）。

あらためて、奥様は日々、忙しい毎日を送っています。とくにお子さんがいるご家庭では、奥様の仕事は膨大で多岐にわたるもの。いっぽうで世の中の多くのご主人たちは、日頃その姿を見ることが少ないため、大変さが実感として分かりません。

つまり、あくまでも「自分目線メガネ」を通してでしか、奥様を見ることができないのです。

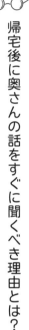

これは、実にオソロシイ事態！と言えます。

たとえばあなたは奥さんに対して、「俺は以前と何も変わらずに仕事をして、頼みゴトだって増やしていないのに、最近はいつも機嫌が悪い」…とぼやきたいときはありませんか？そんなときは、手遅れにならないうちにただちに「相手目線メガネ」をかけてみてください。そうすればきっと、一発で奥様の心に気づくことができます。

人が持てる荷物の量には限界があります。子どもが大きくなるにつれて、奥様の仕事は急カーブの上昇曲線を描いていきます。学校の送迎にお弁当づくり、洗濯に掃除に食事と仕事量はどんどん増加…。ご主人の知らないうちに、奥さんの仕事量はブラック企業のごとく際限なく増えているのです。

もしも「家庭を守る立場なのだから当たり前だ！ おれは外で社会の荒波にもまれながら毎日働いているんだ」なんて思っているご主人がいたとしたら、幸せに到達するゴールはおそらく一生やって来ません(笑)。マラソンにたとえれば、倒れるまで走り続けるしかなく、倒れることでしか終わることのできない「無理ゲー」です。

それがイヤなら、旦那さんがやるべきことは、もれなく「奥様マネジメント」でしょう。ただちに奥様の「相手目線メガネ」をかけること。奥様が抱えるたくさんの荷物を減らしてあげる意識を持てば、接し方もきっと変化が見られるはずです。

その第一歩として大切なのが、進んで奥様の話を聞いてあげること。そのほか、相手目線メガネをかければ、次のような大切なことがらに気づくことができます。

◇奥様が話をしたいタイミングで話を聞く。「ながら」ではなくきちんと向き合う。
◇奥様がやりたいタイミングがベストのタイミングであることを理解する。

◇正論ではなく、共感で接する。

「オレは家族のためにこんなにも頑張っているのに」…という「自分目線メガネ」では、家族の誰も救うことも、守ることもできません。自分という主語が先に立ち、奥さんや家族のために…という言葉は単なる美辞麗句で、相手の心に響くことがないからです。

気持ちを届ける前提として大事なのが、奥様の言葉を素直に聞くという、相手目線メガネです。たとえば、**相手から「聞いて」と言われて聞くと苦痛なことも、「自分から聞くよ」というスタンスをとることで、話を聞くことが苦痛に感じなくなります。実際にやってもらうと分かりますが**、本当にそういう感覚になるから不思議です。

自分から走り出すのと、人から言われて嫌々走り出すのでは、疲れの感じ方が異なりますよね。それと同じことです。自ら主体的に行うからこそ意味のある、「奥様マネジメント」。ぜひ実践してみてください。**そんな日々を過ごしているといつの日か、あなたが一番のピンチのときに奥様が最高の手助けをしてくれるスーパーウーマンになってあなたの前に登場してくれますよ。**だって人は「反報性の法則に法則に則って行動するのだから…。

「相手目線メガネ」ポイント㉒
あなたが知らない間に、奥様の仕事量は徐々に増えています。あなたも仕事で大変なのはもちろん知っています。でも、奥様の荷物を持ってあげられるのもまた、あなただけなのです。

大人の楽しさが最強の「子ども目線教育」

いま、大人になりたいと思わない子どもの割合が増えているそうです。大人になることが何かつまらないことのように感じてしまっている…これは結局、われわれ大人の責任が大きいのかな、と思います。

私にも子どもがいますが、「相手目線メガネ」をかけるようになって気をつけているのが、**家に帰ってきたときに必ず、「あー、今日も仕事楽しかったな」と言うようにしていること**です。

正直、朝から晩まで患者さんやスタッフに全力で向き合って、体力的にはへとへとになることも多いですので、家に帰って一息ついて「ふう〜っ」とため息をつき、誰にも邪魔されずにのんびりしたい…という気持ちは当然あります。でも、疲れてイライラした姿は、子どもたちの目線に触れさせたくない…そう思うからです。

これは以前に聞いた話で、私がよくセミナーで紹介するエピソードです。

ある小学2年生の女の子が、学校の道徳の時間で「将来なりたい職業」について、「ティッシュ配りのお姉さん」と書いたそうです。担任の先生はびっくりして教頭先生に相談しました。ティッシュ配りの仕事がどうこうという意味ではなく、子供が見る夢としては少し違和感があるな…ということで、真意を聞きたいと考えたわけですね。

担任の先生が彼女にやんわり訊ねてみたところ、「だってそのお姉さん、すごく楽しそうに

ティッシュを配ってた。カッコ良くてキラキラ輝いていたので、私もあんな風になりたいって思った」――そう答えたそうなのです。

子供の目線とは、こういうことなのか…。私はその話を聞いて、大人の態度が子どもに与える影響の大きさを知るとともに、こうした目線をつねに意識しなければいけないと強く思いました。

大人が仕事を、人生を楽しんでいるのかどうか。大人の楽しい姿を見ることができないから、子どもは自分の将来に夢を持てないのではないか。まずはわれわれ大人が、職場や家庭を「楽しい」と思えるものにしなくちゃいけない――そのことをあらためて感じたわけです。

この章で紹介した例からも分かるように、職場や学校、家庭などにおけるさまざまな人たちとの関係性のなかで、「相手目線メガネ」はたくさんの気づきを与えてくれる貴重なアイテムになるものです。

人と人との関係性をつなぐ、この架空のアイテムを身につけること――その意識が、あなたの思考と行動を変えていくきっかけになり得ます。

コミュニケーションを前に進めたい、もっと良くしたい。そう思ったとき、「よし、相手目線メガネをかけてみよう」とイメージしてみてください。そのアクションが、あなたの人生をより良いものに変えていくはずです。

では次の章から、職場でのシチュエーションを中心に、「相手目線メガネ」を活用したコミュニケーション術の実際について見ていきましょう。

「相手目線メガネ」ポイント㉓

子供は大人の言うことは聞きませんが、やることは真似します。大人が大人を楽しんでいる姿を子供に見せられなければ、子供は大人になることに絶望します。子供の未来を導いていけるのは、我々大人が人生を楽しんでいる姿をみせるからなのです。

第４章

「部下目線メガネ」をかけて信頼される上司になる

「昔はこうだった」はもはや通用しない、「使えない話」

2022年にWebメディア「RS MEDIA」（株式会社ライズ・スクウェア運営）が全国の働く男女500人を対象にアンケート調査した結果によると、「職場に尊敬できる上司がいない人」と答えた人は、半数の50・6％に上りました。

そのなかで、**「尊敬できる上司の特徴」として1位になったのが、「部下を気にかけている」こと。一方で「尊敬できない上司の特徴」の1位は、「感情的な行動が目立つ」というものでした。**部下のことを日頃からどれだけ気にかけているか――それが上司として尊敬され、信頼されるか否かの分岐点。本書を読んでいただいている上司の皆さんは、どのようにご自身を振り返るでしょうか。

上司と部下の関係は、ひと昔の昭和の時代では、いわば主従関係のようなものでした。

私自身まぎれもない昭和時代で、若い頃から職場では、「先輩は神」と言われて教育されてきたものです。それが今では環境が激変。パワハラやセクハラなど、数十年前には存在しなかった考え方が当たり前になり、「先輩の言うことは絶対」なんて概念はもはや職場にはあり得ません。「先輩は神？！」多くの部下にとっては死語でしょう。

職場での上下関係は大きく変わり、**これからの上司に求められるのは、部下のことを心から気にかけることで作っていくフラットな関係性**なのです。

たとえば仕事の進め方自体、あらゆる職場で30年前とは違います。営業の手法だって、かつての飛び込み訪問や電話でのフォローが、今ではインサイドセールスやリードナーチャリングなどの方法に変わっています。仕事の前提条件が、今と昔では全く異なる状況になっているわけです。

上司に怒られながら、ときには罵倒されながらも必死に仕事を覚えた若手時代……。そんなノスタルジーに浸る昭和世代上司は少なくないかもしれませんが、もはや「時代」という圧倒的な説得力の前に、これまでの考え方では若者にまったく理解されないのです。

そんな状況のなか、若手の部下に対して上司はどうすべきでしょうか？

だからこそ、目線合わせが必要です。**目線合わせとは、上司の目線ではなく、部下の目線まで下がってあげて、目線を合わせること**です。

重ねてになりますが、先の章でも書いたように、この行為は若者に迎合しろと言っているわけではありません。

みなさんにも経験があるのではないでしょうか？ 小さな子供やお年寄りの方と話をするときに、みなさんの立っている目線で話をするでしょうか？ 違いますよね。きっと、小さな子供の目の高さまで腰を落として、目線を合わせて話をすると思います。

その理由は、その子と「話をして分かり合いたい」という気持ちからくる、無意識の行動なのではないでしょうか？ 子供にはできているのに、部下にはできないなんて理由はありませんよね。そこが無意識の領域になるまで、意識をし続けて行動する。実はここに目線合わせの真髄があるのです。

上司としての譲ることができない「あり方」はそのままに、「やり方」を若者たちの方法に変えるのです。部下のことをフラットに見ながら気にかけてみることで、若者たちの「やり方」の方法論がきっと見えてくるはずなのです。

その方法を見つけるために、「部下目線メガネ」をかけてみましょう。**「部下を気にかけている上司」にあなたがなりたいと思うなら、まずはこのメガネをかけてみることです。**

上司と若手部下との目線の違いについてひとつの例をあげてみましょう。コンピュータゲームの攻略法についての話題になったときに、上司と部下にはどのような目線の違いがあるのでしょうか?

昭和世代の人が若い頃に慣れ親しんだテレビゲームは、ゲームを操作するコントローラーにはAボタンとBボタンのほぼ2つしかありませんでしたね。それが今の若者は、10個以上のボタンを駆使してプレイしています。

そんなボタンが2個しかない時代で育った上司の若かりし日の腕自慢をしても、今の若者にとっては「あの…僕たち10個以上のボタンでプレイしてるんですけど……」とウザいと思われるだけ。そりゃそうです。あらゆるものが進化した現代においては、上司の昔の自慢話は、ほとんど再現性のない過去の話に過ぎないわけです。

もはや「今では使えない昔話」を毎回飲み会や会議で繰り返される上司との席は、部下にとっては苦痛な時間そのものでしょう。具体的な話を聞いても、ほとんど自分の役には立たないからです。

そこで上司が気づかなければならないのは、「やり方」や「方法」は昔に比べて進化したものの、「ゲームのあり方」というものは、今も昔もそんなにも変わらないということ。

だから、「俺たちの時代のゲームの方が熱かったぞ」などという自分目線の話でなく、ゲームの位置づけやニーズ、当時のトレンドを「ゲーム」というものがどう牽引し、そして、流行を作っていったのか？　多くの人から必要とされたその要因はなんだったのか？　時代はたとえ違っても変わらない、ゲームが流行するといった普遍的な「あり方」に焦点を当てて話せばいいのです。

昔なら、テレビの前でみんなで集まってワイワイ楽しむ。ゲームのリアルの大会などもよく開催されていました。現代であれば、スマホゲームやネットゲームなど、きっと「1人でも成立しうる遊び」が流行していますが、1人きりでいたいわけではありません。オンライン対戦に象徴されるように、現代の若者だって誰かと繋がっていたいのです。それを理解する（目線を合わせる）ことがとても大切なのです。

そうやって若者が自分たちの目線まで上司が下がってきてくれると、上司が徐々に「快」の存在になりますから、そうなると、今度は上司の時代のゲームのシステム自体がまだ成熟していなかった黎明期だからこそのトラブルや、それをどう解決したかという武勇伝にも、きっと若い世代も興味をもって耳を傾けるはずです。

だって、今はゲームを作っても、すぐにＷＥＢ経由でバグを除去することができますが、当時はそんなことできませんでしたから、そのバグを見つけることが楽しかったそんな時代だってあったからです。ある意味、今のゲームの歴史を知れると楽しんで聞いてくれるはずです。

「相手目線メガネ」の良いところは、相手の視点に合わせる中で話を進めていくことで、あなた自身が気づきもしなかったいろいろな角度の景色が見えてくることと、相手も目線が合うことで、精神的な「不快」な思いが薄れていき、今度は相手があなたのメガネをかけてくれ、視点を合わせてくれるようになる点です。

部下目線メガネをかけて相手を気にかけてあげると、尊敬され信頼される上司になる。それがこのメガネの大事な効果・効能のひとつなのです。

では次から、メガネによって見えてくる部下や若手社員の視野を知るとともに、上司から部下に対する上手なコミュニケーションの実際について紹介していきましょう。

「相手目線メガネ」ポイント㉔
私たちがお年寄りや小さい子供に対して、目線を合わせて話をするのは「相手と分かりあいたいから」上司から部下も同じこと。まずは部下の目線に合わせて部下の視界を確認する「相手目線メガネ」が必要なアイテム。

若手は「カッコいいか、カッコ悪いか」の二極世界を見ている

部下に尊敬されたい…けっして迎合するつもりはないけれど、やっぱり若手からは好かれたい…。そんなふうに考える上司はきっと少なくないと思います。

今はＩＴ化や情報化が進み、専門性や多様性もあって、部下に対して上司がすべての面で優れているといった状況は難しくなっています。同時にひと昔前のような上司が絶対であるとの考え方ではなくなり、どちらかといえば、「チーム」という考え方が主流になってきているようです。

上司が何もかも仕切るのではなく、チームの中のひとつのポジションとして「上司」がある。もはや上司はひとつのピースとしての役割であり、絶対的な存在ではないのです。

ですから、部下に好かれたいと考えるとき、ある分野の技量で部下に負けていたとしても、それは恥ずかしいことではありません。逆に、部下の長所を生かしてタクトを振るような、そんな上司になっていけばいいのです。

それなのに昔の感覚のまま、上司は絶対であり「後輩にはいかなることも負けてはいけない」という思考で行動してしまうと、むしろ部下から見透かされてバカにされてしまいます。

部下に尊敬されない上司の特徴は、この章の冒頭でも紹介した、「感情的な行動が目立つ」こと。感情のままに行動する上司のことを、部下はダサイ、カッコ悪いと感じるのです。

たとえば、**何かのトラブルに見舞われたとき。トラブルの原因に対して激昂する、またはアクシデントに対して怯んでいるにも関わらず、虚勢を張る。そんな上司の感情を、部下は簡単に見透かしてしまいます。**

部下に弱いところを見せるのは、けっして恥ずかしいことではありません。上司だって人間なのですから、カッコ悪い姿だってあるに決まっています。

それなのに自分を守るために誰かのせいにしたり、自分のせいではないとあからさまに話をする。そんな姿は部下に見透かされ、ダサいと思われるのです。

たとえば難しいコンペにおいて、最初から会社の責任や予算や準備期間の不足など、他責の言い訳をブツブツ繰り返しながら臨む上司…。きっとコンペに勝てない理由を自分の責任にしたくないために、あらかじめ予防線を張っているつもりなんだと思いますが、部下はそんな上司を見ると一気に幻滅します。

こんなときだからこそ「たとえ、飛車角落ちであったとしても、食らいついて、何か爪痕残そうぜ！」――そんなファイティングポーズをとり続ける上司の姿を部下は見たいのです。

大切なことは、劣勢なときであっても、上司が周りも奮い立たせてファイティングポーズが取れるかどうか。そして、上司にだって間違いはあります。時には負けるときもあります。転んだってすぐに立ち上がる姿を、もう一度、ファイティングポーズを取り直せる力強さを部下たちは見ているのです。その姿こそ、部下がカッコいいと思い、あなたを尊敬する瞬間でもあるのです。

「相手目線メガネ」ポイント㉕
上司だって、時にはビビるし、失敗することだってあります。部下は「その状態から上司はどうファイティングポーズをとるのか？」だけを見ているのです。

Z世代の視界はネットスラングで構築されている？

職場で若手社員たちのプライベートの会話を耳にして、苦い顔をしている上司の姿…。正直言って、私も20代のスタッフが使う言葉に、「?」のマークが1日に何個もつくことがあります。「ファンサ」「りょ」「まぶ」「かわっちい」「限界オタク」「すこ」「てぇてぇ」「好ハオ」…ちょっとググっただけで、ズラリと出てくる最新版の若者言葉。皆さんはどれだけ理解できますか？（笑）

それはともかく、今の若手が使っている言葉はおじさん上司にとって理解できないことも多く、コミュニケーションが取りにくい面があるのは仕方のないところ。

でも、ここで気をつけなければいけないのが、年輩の上司の場合、自分たちが使ってきた言葉のほうが正しくて、彼らが日頃使っている言葉が間違っていると認識していることが多々あるわけです。けれども、ちょっと考えてみてください。今では日常的に使うようになった「全然大丈夫」という言葉。これは我々のような昭和世代のおじさんにとっては、「全然ダメ」「全然良くない」という否定語をつなげるのが正しい使い方として長年使われてきましたし、「全然大丈夫」と言う若者に対して「その使い方は間違っているよ」と指摘すらしていた時代もありました。

ところが、若者を中心に広まった「全然大丈夫」「全然OK」は、今では当たり前のように使われ、社会的にも認められています。実はこの「全然大丈夫」という「全然」のあとに肯定語を繋げる使い方は、明治時代は主流の使い方だったらしく、そして当時、「全然ダメ」という全然のあとに否定

2022年用語集ランキング

1位 限界オタク
2位 Dom/Sub
3位 ちいかわ構文
4位 RPS
5位 すこ
6位 素人質問で恐縮ですが
7位 ワンチャン
8位 てぇてぇ
9位 「(ᐛ👐)パァ」
10位 好ハオ

語が繋がる使い方をしている若者のことを、年配の方が苦慮しているという歴史的な文献も残っているそうです（驚）。

つまり何が言いたいかというと、時代によって言葉の使い方などはどんどん変わってしまうということ。そこに政治的な問題もなければ、哲学的な意味などありません。正しいか否かという価値観にこだわるのは、それほど大きな意味はないのでは？ということです。

むしろ、若者が使っているネットスラングを自分目線で「悪」と決めつけてしまうのは、若手の部下に尊敬されることがなく、彼らにとっての「快」の存在にはなり得ません。

若者たちが使う言葉や作法を真似しろとまでは言いませんが、今のZ世代が創り出す言葉の数々に、我々人生の先輩たちが合わせていくのは、新たな文化を生み出していく方向としては正しいのではないか――ということです。すべてを「受け入れる」ことは難しくても「受け止める」ことはできるはずです。

なぜなら、この世界の歴史というものは、一部の例外を除き、古い時代から新しい時代へ進化と発展をとげながら進んできたからです。**もし、若者たちが行っていること、変えようとしていることが究極的に間違っているのなら、この世界はとうに消滅しているでしょう。**

でも、世界はなくなっていませんね。それどころか驚異的に便利な進化を遂げています。きっと、**私を含めたおじさん世代も、若かりし時期に年配の方から「最近の若い奴らは…」と存在すら否定されるようなことを言われても、自分たちの未来の可能性を信じて、突っ走ってきた時代があったはずですよね。**

Z世代の若者たちの表現は私たちには理解できないことも時にはあるかもしれませんが、これからの世界を作っていく若者たちが進もうとする道に、頭ごなしに自分たちとの違いを否定するのはやめたいものです。

私たち先輩たちが伴走してあげるくらいの姿勢が、彼らの信頼を得る一番の方法なのかもしれません。**それが彼らの言葉を受け入れるのではなく、「受け止める」という意味なのです。**

そして、そのあとに彼らの言葉も少し使ってみようかな……そう思えるか否かが、若手の部下にとって、あなたが快の存在になるか、不快になるかの分かれ道のひとつになるかもしれませんよ。

「上司の相手目線メガネ」ポイント㉖

若者たちが繰り出す文化や言葉は時代と共に変化していくものです。若者の変化に伴走するくらいの余裕をもって上司は部下に接したいですね。

質問を聞くときに大事なのは、まずは質問をした勇気をほめること

上司が部下の働きぶりを評価するときに、「どんな質問をしてくるか」を重要な評価指標にすることがありますね。

質問力とは分からない部分を問いかける能力で、どのような点に問題意識を持っているかという点や、言葉の表現力を知る上でも大事なコミュニケーションのひとつといわれています。

しかし、日本人の文化の中で「積極的に質問をする」、または「みんなの前で積極的に発言する」という文化はあまりありません。

みなさんはどうですか？ 学校の先生の話を遮ってでも、自分の不明瞭な部分をはっきりさせるために、手を挙げて質問ができる人でしたか？ 正直、日本人でそのような強メンタルを持っている人は少ないかと思います。なぜ、日本人は質問が苦手なのか？ その理由には諸説ありますが、一例を挙げてみましょう。

みなさんが小学生・中学生の頃、授業中に教室で勇気を出して質問したのに、とんちんかんな内容と思われて、教師や周りの生徒からクスクス笑われて恥ずかしい思いをした人はいませんか？ かくいう私もそんな記憶の持ち主です（泣）。

過去にそういった恥ずかしい思いを一度でもしてしまうと、もう二度と「勇気を出して質問などするものか！」と思ってしまいがちです。また同じことが起きてしまうのでは？と質問す

るのが怖くなり、臆病なマインドが芽生えてしまう。それが今の日本人の「質問しない」「発言をしない」という風土の根源になっていると感じます。

そんな「質問しない」人間だった私が、１８０度考え方と行動が変わってしまう出来事がありました。その体験談をお話ししましょう。

私は20代から米国の大学を中心に何度か歯科医療の研修や留学に赴きましたが、そこでは若い学生の誰もが臆することなく手を挙げ、質問していました。積極的な若者たちだなぁ～と、そのときは特に疑問にも思わず、「国民性の違い」と自分の中で納得していました。

でも、私が30歳のとき、ニューヨーク大学インプラント科にインプラント治療の短期留学をしたとき、講義の最中に私は教授にある質問をしました。ところが同時通訳の方の英訳がうまく伝わらず、その教授と私の間で少し空白の時間ができたことがありました。とても気まずい時間で、「質問するんじゃなかったな…」って思っていた時に、教授は私に対して、驚くべき行動に出たのです。

なんと、教授は私に向かって、「ヤマムラ、グッドクエスチョン！」と笑顔で親指をサムアップしてくれたのです。おそらく教授には、私の質問の意味は十分に伝わっていなかったと思います。だって、日本語が英語にうまく翻訳されていなかったからです。でも、教授は「良い質問だね！」と言ってくれたのです。

私は、授業後、なぜ「グッドクエスチョン」と笑顔でサムアップしてくれたのかを知りたくて、教授に直接質問してみると、教授は次のように答えてくれました。

「アメリカの文化では、質問をしたという事実の方が大切で、どんな質問をしようが、その中身には大きな意味はないよ」と笑っていました。

私は、積極的に質問が「できる・できない」は生まれ持った国民性の違いだと思い込んでいました。でも、今回の体験を通じて、我々が捉われていたその国民性とは持って生まれた国民性ではなく、後天的に身につけられた国民性であることに気付けたのです。

もし日本中の大人が、勇気を出して質問した子供に対して、常に「勇気を出してよく質問してくれたね！いい質問だ！」と言ってくれる人ばかりだったら、「質問しない」「発言しない」若者はいなくなり、みんな安心して質問ができる、そんな大人になっていくのではないかと私は思うのです。

さて、そんな確信の中で、話をもとのテーマに戻します。残念ながら、今の日本の職場において、「質問できない大人」を製造するようなコミュニケーションが、全国至る所で繰り返されているのが現実です。

上司が「どんな質問をしていいよ」と促してくれたので、部下が勇気を出して質問をしたときに、その質問レベルが低かったりすると、「そんなこと訊くか？」と、露骨に嫌な顔をする上司を目にします。そんな態度をされると上司への信頼関係が一気になくなってしまいます。質問していいよと言われたから、質問したのに…、だったらもう質問なんてしないよ、と。自分目線メガネで部下の質問を聞いた上司の、最悪の末路です。

言うまでもなく、質問する主役は質問者であり、質問を受ける上司が、相手の質問のレベルが低いのか高いのかを判断するものではありません。それを上司が判断するとなると、もう怖くて質問はできなくなってしまいます。

なので、**部下がどんどん質問をしてくれるような環境を作るためには、部下があなたに質問をしてくれたという「事実・勇気」を褒めましょう。質問をするという事は大なり小なりあなたに「助け」を求めていることであり、その上司は部下にとって今のところは「不快」な存在ではないということのサインだからです。**

そんなサインを出してくれている相手に対して、上司が自分目線メガネをかけて、差し出してくれた手を払いのけるような行為をとるというのは、相手から信頼の扉を自ら閉めてしまっているにほかないのです。

「相手目線メガネ」ポイント㉗
質問をしてくれるのは、部下にとってあなたが「不快」な人ではないサイン。内容よりも、あなたを頼ってくれたその気持ちにまずは「感謝」で応えてみましょう。

部下からの信頼度は「通じるたとえ話」の数で決まる

部下に対して指導や説明をするとき、「たとえ話」を使いながら話していくことがあるかと思います。この、たとえ話が実は少し曲者です。

上手なたとえを聞くと、部下は「自分も今度使わせてもらおう」などと共感して、上司に対する信頼度も上がっていきます。部下のハートに楔が打てるような話の数が多いほど、上司の株は上がるのです。

ただ、そこで間違ってはいけないことのひとつが、話の年代です。

サッカーでたとえるときに、今さらカズやヒデの話を持ち出すのはＮＧ。カズは三浦知良選手、ヒデは中田英寿選手でいずれも素晴らしいサッカー選手ですが、いかんせん活躍した時代が違います。

今なら久保建英選手や三笘薫選手というところかもしれませんが、自分目線での引用によるたとえ話になってしまうと、せっかくの話も台無しになりかねません。相手のフィールドで話を展開されると、ピンとこないだけでなく、上司にドヤ顔で言われようものならいっそう不快に感じてしまいます（笑）。

相手目線の時代に則したキャラクターを引っ張ってくることが重要であり、そこでの共感を得ることが、そのあとの刺さる話への効果的な導入になることを大事にしてください。相手目線メガネをかけることで、部下の心に刺さる話ができることを知ってほしいと思います。

部下目線メガネで話をするときにもうひとつ気をつけたいのが、**「ここ最近」という定義の違いでしょう。端的にいえば、「ここ最近」とは若手は１年以内、年配はグッと広がって10年以内**

のことを指すことが多いといわれます。

たとえば、親睦を深めるために若手社員を誘ったカラオケで、彼らが歌う最新の曲に張り合うようにして選曲すると、たぶん自爆します。おじさん世代にとっては、半年前や1年前の歌は最新の曲かもしれませんが、若い子からすれば2・3カ月も経てばそれほど新しい曲とは言えません。無理して自分目線の新しい曲（実は古い曲）を引っ張ってくるのではなく、まずは彼らが歌っている曲を理解し、それに反応していく方が評価は高いのです。

カラオケでいうなら、歌うことで対抗するのでなくて、合いの手をいれたり、手拍子をしたり、「この曲、知ってるんですね！」的な雰囲気を若手に伝えること——。

自分が好きなものを、好意的に思っている人のことを人は不快に思えないことは、脳科学的に証明されています。これを「類似性の法則」と呼びます。

大事なのは、自分の価値観の当たり前基準を相手に強要するのではなく、まずは相手のフィールドに入って理解を深めていくこと。**若者たちのフィールドで勝負しつつ、やり方は若者たちに合わせながら、あり方は自分の立ち位置を守りましょう。**

この場合の「あり方」とは、カラオケという場所を利用して「若手とコミュニケーションをとり、親睦を深めていく」ことです。その目的が達成されるなら、その場所で行われることのすべての行為を、親睦を深めていくための意味あるものにすればいいのです。そのためにはカラオケ屋さんであっても、別に無理して歌わなくてもいいのです（笑）。

「相手目線メガネ」ポイント㉘
常に目の前の相手にとって自分が、「快」の存在になれているのか？　せめて「不快」な存在にならないように行動しているのか？　たとえ話や、共有空間であっても、「不快にさせない存在になる」という意識を持つことで、あなたを取り囲む環境に変化がでてくるはずです。

まずは自信をつけさせて「失敗の恐怖心」を徹底除去

いまの若者は、失敗に対する免疫力が極端に低いと言われます。その理由として、子どもの頃から運動会の徒競走で順位付けがされないなど、優劣や勝ち負けをつけられることに慣れていないからだと言われています。

そんな成長期を過ごしてきた若者たちが、社会に出て、自分への評価が明らかにされる状況に対して恐怖心があるのも無理もないかもしれません。いざ失敗すると、上司が驚くくらいに落ち込んでしまいます。

例えるなら、**転んだ経験がないから、怪我をしない転び方も知らないし、転んだときにどれだけ痛いかも分かりません。だからできれば転びたくないし、転ぶくらいなら最初から走らないという思考になってしまう。はなから挑戦しないという悪いマインドの連鎖が起きている**と感じます。

上司としては、まずは彼らの恐怖心を取り除いてあげることが必要でしょう。そのための方法には、大きく3つあります。

1つは、**絶対に成功するであろうことを繰り返しやらせて、成功体験の積み重ねで恐怖心を徐々に取っていく方法**です。それを、医療用語で系統的脱感作法といいます。要は少しずつ刺激を高めていくという方法です。

2つめは、**上司が若手の失敗確率を把握しておくこと**。つまり何割の確率で失敗するかもしれないということを想定しておいて、その場合の備えをあらかじめ作っておきます。何度か失敗することを前提に物事を進めて、経験値を高めていくわけです。次第に、その失敗確率は減少していくことで成長を見込めます。

そして3つめが、**「失敗するノルマ」を与えることです**。「失敗のための挑戦」と言い換えても良いかもしれませんが、成功させようとして失敗すると若者は心が折れますから、「失敗しなさい」というノルマのなかでチャレンジさせるわけです。

発明家のエジソンは、自ら辿った1万回の失敗を、「失敗ではない。1万回のできない方法を見つけただけだ」と話したことで知られていますが、「(失敗して) より良いものにするための課題を抽出していこう」というノルマを設定し、その中から成功へ導くきっかけにできるものを見つけていきます。

たった一度のミスだけで、「もう終わりだ」「人生の命取りだ」などと本気で考える若手が増えていますが、そんなことは全くなく、失敗の数によって成功の確率もどんどん上がっていくことを教えなければなりません。

そもそも若いうちにする失敗など、たかが知れています。人生の勝負をかけた分岐点での挑戦はもっともっと先にあらわれます。そのときに、勝つために、今はさまざまな経験を積み重ねるのです。

そして、失敗だけではなく、部下の「相手目線メガネ」をかけるならば、今の若者は「責任を負わされること」に非常に恐怖心を感じているので、失敗した際の責任の比重を下げ、うまく逃げ道を作ってあげることも大切です。失敗を失敗で終わらせない、その中に自信や成功の種が少しずつでも蓄積できるよう仕向けていくことが上司の役目というわけです。

責任を取らせることが目的ではありません。次に成功するためにどんな経験を積んで、次に繋げるのかが大目的です。

仕事に対しての価値観は、これまでの上司世代と今の若者では大きく異なります。私たちの当たり前を彼らに強要するのではなく、「相手目線メガネ」をかけて、どのようなメンタルでいるのかを理解することが大事なのです。

「相手目線メガネ」ポイント㉙
成功を目指して、失敗をすると若者の心は折れてしまう。だから「失敗するノルマ」を与えてみよう。「失敗するノルマ」を成功させて（笑）、経験を積むことで、次のチャンスに成功する可能性は飛躍的に高まるのです。

部下は「自分の時間をコントロールされている感」が出されると「不快」と認定します

ある会社で部長職を務めている友人が、部下を買い物に誘ったそうです。すると、「え!? 部長、それってネットですぐに買えますよ。僕、見てあげますからスマホ貸してください」…そう言われて何も言い返せなかったそうです。

彼としたら、買い物を通して部下とコミュニケーションを図りたい…と思って言ったのが、肩透かしをくらったと苦笑いでした。

現代の若者は、プライベートの物品の購入から美容室の予約など、なんでもスマホやパソコンで完了させてしまいます。しかもその時間は深夜でも早朝でもいつでもＯＫ。

自分でコントロールできる自由時間の中で行えるわけです。すべてを自分の都合で決めることができるという便利な生活に慣らされています。

つまり逆に言えば、**誰かに「コントロールされること」に実に不慣れな環境にある**と言えます。

たとえば、上司であるあなたが部下に、「10日後までにこの資料をまとめてほしい」と依頼したとしましょう。

若手社員の部下はほぼ間違いなく、10日後の期日ギリギリで提出してきます（私の経験上ですが、ほぼ間違いなく、です）。

指示された期日に間に合わせればよいわけで、その仕事をどのタイミングでやるのかを決めるのは自分であり、そこには他人軸はまったく存在せず、自分軸のみで生きています。

期日通りに提出すれば、基本的に上司から小言をもらうことはないでしょう。

けれども、これからの時代の「デキるビジネスマン」になるために重要なのが、**1日でも早く提出したり納品すれば、そのおかげで、仕事へのとりかかりを早くできるようになる人や、納期に苦しまなくなる人がいるという視点を持つことです。**それはまさに「相手目線メガネ」をかけたときに見えてくる世界なのです。

多くの若者は、自分の時間を大切にすることを優先しているので、この視点が欠けています。

でもそれは、分かっていながらやらないのではなく、自分が期日を早めることで「ありがたく思う人がいる」ということを知らないのです。
　そのため上司から、「ギリギリでなく、少し早めに出したらどうだ？」などと頭ごなしに言われると、「期日を守ってるのに、ウザイな…」と自分がコントロールされているという不快な感情が芽生えてしまいます。
　そんなときは部下目線メガネをかけて、「早く提出すること」「早く納品すること」の意味やメリット、そうすることで「人から喜ばれる」という事実を伝えてあげるようにしましょう。それが分かれば、部下は早く資料を提出するよう強制という「自分がコントロールされている」という負の感情ではなく、「自分の意思で期日よりも早めに出す」ことで、喜んでくれる人がいるんだという「快」の感情を持つことができるようになります。
　「期日よりも早めに出す」のは、自分がコントロールされているのではなく、相手に喜びを与えるために自分が主

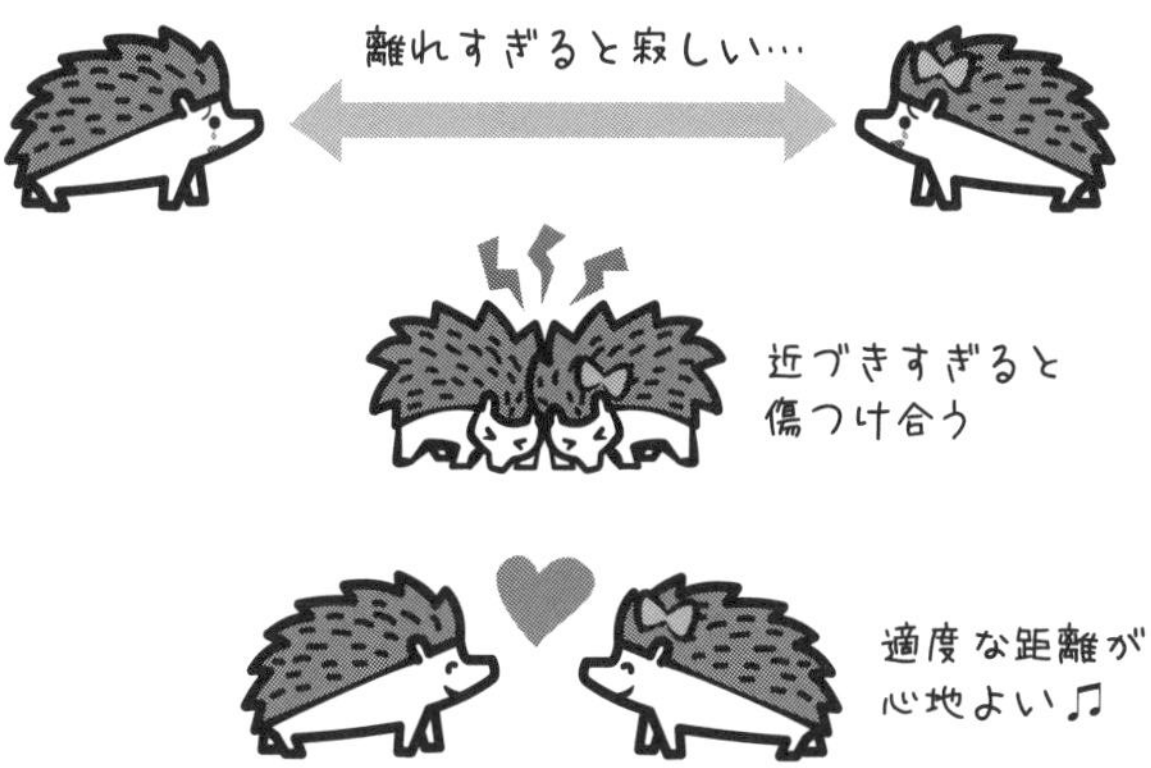
離れすぎると寂しい…
近づきすぎると
傷つけ合う
適度な距離が
心地よい♫

体的に行うこと――このモチベーションを与えることで、部下のメンタルはまったく違ったものになります。

いまの若手は、自分の世界観や誰にも邪魔されたくない領域をきちんと確立していて、他の人との距離感を保っています。

ドイツの有名な童話で、「ヤマアラシのジレンマ」という話があるのをご存知でしょうか。

寒風吹きすさぶ中、トゲのあるヤマアラシ2匹が温め合いたいとくっつこうとするものの、お互いのトゲで相手を傷つけてしまうことから、お互いに刺さらない絶妙な距離感を保とうとしてしまう…というお話です。

脳科学的にも、このヤマアラシの行動は今の若い人たちに通じるものがあります。それは、コミュニケーションを取って目の前の人に近づきたいのだけれど、お互いに傷つけ、傷つけられることを怖がるがあまり、相手を傷つけない、程度な精神的な距離をとってしまう――ということです。

いえ、これは何も否定的な話として言っているのではなく、こうした現在の若者の思考を、部下目線メガネをかけることで、われわれ昭和世代上司も理解しましょう、という意味合いです。

部下と一緒にショップに行かなくても、「スマホで○○を上手に買える方法、教えてくれないか？」そうフランクに訊いてみることで、あなたの部下は笑顔で距離を縮めてくれると思いますよ。

「相手目線メガネ」ポイント㉚

自分の行動が誰かの役にたっていると感じると、若者たちは内側（自分）に向け続けているベクトルと外側（仲間・社会）に向け始めます。仕事を無機質な仕事としてやらせ続けるのではなく、その仕事の先にある「仲間の喜び」を教える。それが上司の大切な仕事のひとつなのです。

コンプレックスを開示すればするほど共感される

ここで少し、簡単な脳科学の話にお付き合いください。

人の脳は、感情を記憶することはできても、人の名前や人を記憶するのが苦手といわれています。

たとえば、プロゴルファーのタイガー・ウッズ選手はトーナメントの試合中において、相手選手のグリーン上でのパットに対してつねに、「入れ！」と念じながら見ているそうです（驚）。われわれ凡人は普通、「外せ！」と考えそうですが、彼はまったく逆なのですね。

これは脳科学に起因していて、脳は感情の記憶を優先させますから、「外せ」と思うとその刷り込みだけが残り、次に自分が打つときに「外す」イメージに脳が支配されてしまいます。たとえ、「相手」が「外せ」と強く念じても、「相手」は消えて、「外せ」だけが残ってしまうのです。

だから彼は、「入る」という記憶を脳に残したいので、いつも、敵選手のパットが「入れ入れ」と念じ、そして、自分のパッティングを行うということなのです。

いきなりどうしてタイガー・ウッズ？と思われたかもしれませんが、言いたいのは部下との目線合わせのときにも、「感情」が優先されることを認識しておきましょうということ。

そして、**そのときに大事にしたい感情が「共感」です。脳科学的にも人の感情脳が強く反応するのは、「共感」というキーワードといわれているからです。**

共感にもいろいろなものがありますが、実は大きく反応するものに、「コンプレックスの共有」があります。

コンプレックスとは、失敗や後悔といったマイナスの感情……つまりは世の上司の皆さん、部下に向かって「過去の自分のミスや失敗、反省や後悔などのコンプレックス事例をどんどん発信しましょう！」ということが言いたいわけです。

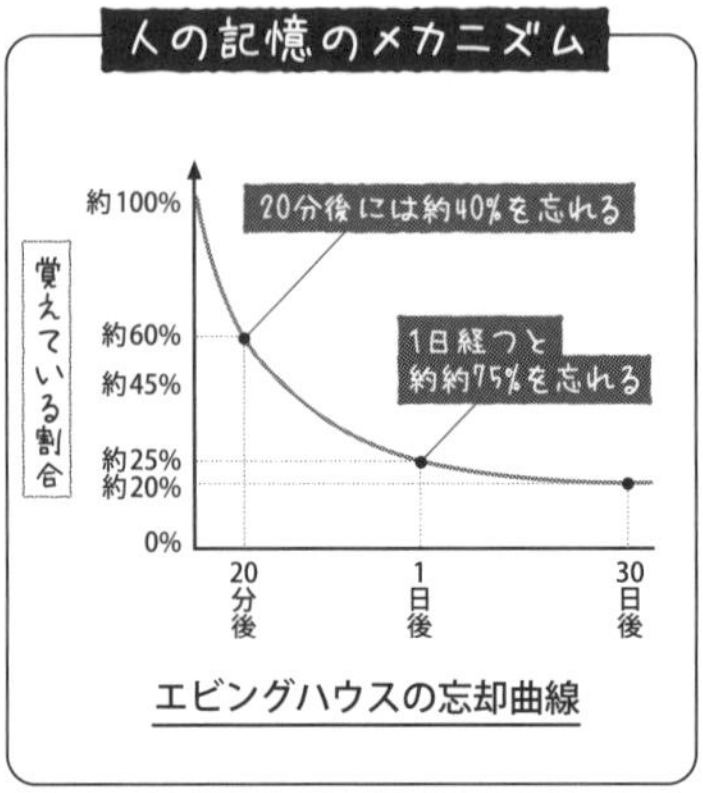
人の記憶のメカニズム
約100%
覚えている割合
約60%
約45%
約25%
約20%
0%
20分後
1日後
30日後
20分後には約40%を忘れる
1日経つと
約約75%を忘れる
エビングハウスの忘却曲線

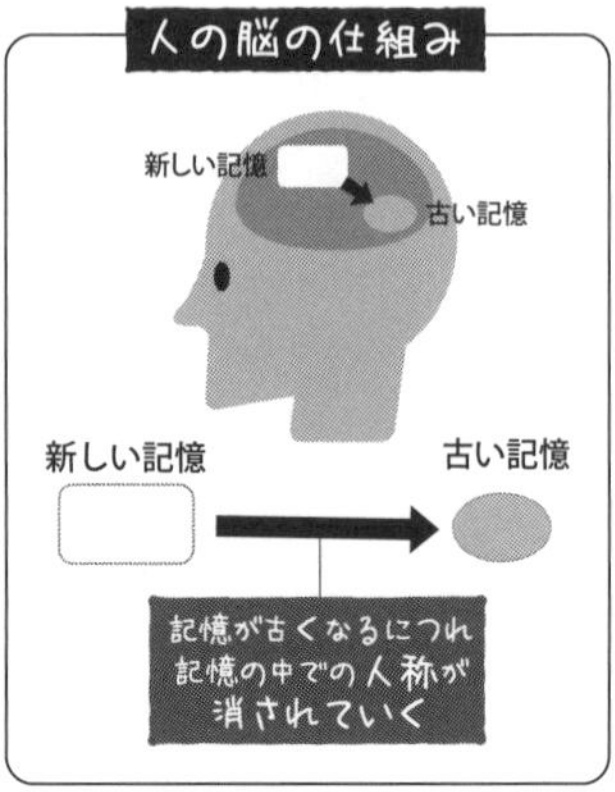
人の脳の仕組み
新しい記憶
古い記憶
新しい記憶
古い記憶
記憶が古くなるにつれ
記憶の中での人称が
消されていく

例えば、試合でライバルと接戦の時…
はずせ
ハズせ
外せ〜!
長期記憶には、人称である「相手が」が消えて「外れろ」という記憶のみが残る
「外れる」というイメージが感情脳に強く残ってしまい、自分のパットで外してしまう
脳の仕組みを知れば、行動が変わります!
こいつは入れてくる…
必ず入れてくる…
長期記憶には、人称の「相手が」が消えて「入る」という記憶が残る
繰り返しの「入る!」というイメージが強く感情脳に残るので自分のパットが入りやすくなる
カッコーン

でも、きっと思いますよね。自分の失敗を部下に話すなんて恥ずかしい。プライドが傷つけられるし、きっとバカにされるんじゃないか…って。

心配は無用です。先に話したように、人の脳は「人称」にはそれほど反応せず、感情に反応することを優先するため、自分が思っているほど、人は「あなた」のことを記憶しません。

一方で感情脳は共感に強く反応し、記憶にも残りますから、コンプレックスを共有した人とはある一定の「共通体験」が生まれます。これが人と人とが親密になっていく強いきっかけになるのです。

「え〜！ 課長にもそんなことがあったんですか！」コンプレックスの共有は、間違いなく上司のあなたと部下との距離を縮めます。

上司や先輩としてのプライドを気にして取り繕ったりするよりも、１人の人間としてコンプレックスを開示したり、弱みを見せたりすることは、悪印象どころか大きな好影響をもたらすことをぜひ知ってください。

部下の感情脳が反応して、あなたのパーソナリティーの部分に大いに共感してくれるはずです。

ただ、こうしたアプローチの前提として大切なのが、あなたが相手に対して「快」の存在であるということ。

「不快」な存在すぎる相手からコンプレックスを開示されても、マイナスの感情が記憶されるだけで何のメリットも生まれません。

かつてアントニオ猪木さんが繰り出していた「闘魂ビンタ」も、猪木さんだからこそ成立していたパフォーマンスで、不快な人からされたらただの暴行罪ですね（笑）。

だからこそ、相手からの目線が「快」になるよう、あなた自身がその人の「メガネ」をかけていく必要があるのです。

「相手目線メガネ」ポイント㉛

どれだけ重厚な論理を展開しても、相手は腑に落ちません。大切なのは、部下と上司が「共感」できるテーマの話なのかどうか？　部下との距離を縮める秘密の方法は「論破」ではなく、「共感」です。

苦しいコロナ禍で「業者目線メガネ」に助けられた

部下目線メガネの話とは少し違いますが、ここで「外部協力会社」との上手な関係の作り方についても少し触れておきましょう。

外部協力会社、つまりは外注業者さんのことですが、あなたの会社への外注業者さんのスタンスはどんな状態ですか？　いい関係が作れていますか？

外注業者さんもあなただけの会社ではなく、たくさんの会社と取引をしていると思いますので、すべての会社と等しく対応することは事実上不可能であり、差別はなくとも区別はしていると思います。つまり**担当する相手社員の、心の中には優先順位がある**ということです。

なりふり構わず必要なときにだけ連絡して、無理難題を言ってくるような取引先に対しては、顧客である以上頑張るには違いないでしょうが、歓迎する相手ではない可能性があります。

発注を受けても、それが手に入れることの難しい商品の場合、無理をしてでも調達してくれるかどうかは怪しいということです。

けれども、いつも商品を届ける際に元気よく声をかけてくれたり、暑い夏には心ばかりのお茶を出してくれたり、雨の日にはタオルを貸してくれたり、電話やメールで「いつも感謝しています」と声をかけてくれるような会社や人であれば……。

外部協力会社のスタッフが、その人になにかの難しい相談をされたとしても「なんとかします!!」

と本気で頑張ってくれるに違いありません。

私の歯科医院でも、コロナ禍のなかでこんなことがありました。

当時、手指消毒用のアルコールが全国的に品薄になり、歯科医院に対しても一定数での配給制になりました。個別に支給される数は相当に少なくて、医療現場としては圧倒的に足りない状況でした。そこで私は、いつもお付き合いをしている医療機器卸会社の若い社員の方に相談したんです。

「申し訳ないけれど、もし可能であれば、患者さんのためにもアルコール消毒液が少しでも手に入らないだろうか？」

すると彼は、「分かりました！何とかします」と請負ってくれて、少し経ったあとに「こういう事態のために備蓄していた方から譲ってもらいました」と、私の医院にアルコール消毒液を持ってきてくれたのです。

その時の担当の方の、「こういう時に役に立てて、光

栄です！」と言わんばかりの充実の表情は私も嬉しくなりましたし、その仕事ぶりに心が熱くなりました。

彼がそのような行動をしてくれたのは、毎日、当院のスタッフがその担当の方に感謝を伝えて、積極的なコミュニケーションをとり、信頼を勝ち得ていた体と確信するからです。

本当に自分が苦しいときに助けてくれる人が現れるどうかは、自分たちが接してきた「あり方」の、いわば「答え合わせ」です。普段のお付き合いがきちんとできていれば、相手にとってあなたたちが「不快」ではなくて、「快」の存在であるのならば、「その人たちの力になりたい！」といざというときに助けてくれるという答えが得られます。

これまでどれだけ、自分が「相手目線メガネ」をかけて接してきたか。コロナ禍は歯科医院にとっても大変な逆風でしたが、その答えを実感できたのは、私たちスタッフにとって意味のあることだったと思っています。

苦しいときに助けてくれる人は、今まで自分が丁寧に、感謝をしながら接してきた人です。

にもかかわらず、上司や先輩、発注側といった「上からの目線」に立ったとき、一方的な自分目線では見えなくなることがたくさんあるのです。それに気づかないままだと、逆境に陥ったとき、誰も助けてはくれません。

だからこそ、日頃から部下目線メガネや後輩目線メガネ、業者目線メガネをかけていくことが必要。

そうすることで、きっとあなたの行動が変わり、上司が変われば組織が変わります。ぜひそのことを強く認識してほしいと思います。

「相手目線メガネ」ポイント㉜
自分が本当に苦しいときに助けてくれる人というのは、自分が過去に助けた人たちです。

第５章

「上司目線メガネ」をかけて デキる部下になろう

上司目線メガネは世代によってフレームが違う

第４章で上司がつけるべき「部下目線メガネ」の話をしましたが、この章では逆に、部下の立場の皆さんにつけてほしい「上司目線メガネ」について説明してみたいと思います。

主に会社という組織において、部下や後輩の存在とは何でしょうか？

部下や後輩はあらゆる年代を指す言葉ではありますが、この章で言うところのそれは、いわゆる「今の若者」「今の若手社員」と同義であることを最初に断っておきます。

彼ら若い世代は会社や組織の未来を背負う存在であり、上司はそうなるように育て、導いていく責務があります。その意味でも、上司は部下とチームの目標やビジョンを共有し、より強い信頼関係を築き、円滑なコミュニケーションによって組織が成長していくことを目指さなければなりません。

いうなれば、若手社員たちが持てる力を最大限に発揮できる環境を作ること――そのためには上司が「部下目線メガネ」をかけて、想いを汲み取りながら協働していくことが大切と言ってきました。

ではそのとき、部下の面々は上司たちをどのような目線で見ているのか。

自分が会社の中で出世や成長をしていくために、「この上司を手本にしたい」と思って見ている人、または「この上司から評価されるためにはどうすればいいか？」と策を練っている人もいるでしょう。一方で、「この面倒な上司とうまく人間関係を作らなければ、きっとこれから苦労するぞ」などと警戒している人もいるかもしれません。

とくに今は、上司との関係性においてできるだけストレスを感じずに仕事をしたいと考える部下は増えています。

部下が良い人間関係を作り、いやなストレスを無くしていくためにも、「上司がどのような視点で自分を見ているのか」を知ることは大事なのです。

部下であるあなたはきっと、毎日ストレスなく楽しく仕事をして、ビジネスで成果を挙げて望みのポジションにつきたい。上司や周囲に認められて、充実した会社生活を送りたいと考えているでしょう。そのためには上司から好かれ、固有の経験談などの有益なアドバイスを受け、多くのチャンスをもらうことが成長への最短距離だと考えますよね。

でも**上司は、そんな一方的な目線だけではあなたの思うようには動いてくれません。自分目線でｔａｋｅばかりを求めていても無理。上司とはいえ、ｇｉｖｅをしっかりと考えなければ、自分の都合のいいことばかりを教えてくれるわけではないのです。**

いいえ、上司は何もあなたに意地悪をしたいわけではなく、人間関係やコミュニケーションって、やっぱりそういうものなんですよね。

そのためには部下であるあなたは、たとえば上司の愚痴や嫌なことも時には聞いてあげる必要があります。それは何も上司のためだけではありません。あなた自身のため、あなたがこれから拓いていく未来のためです。

「なんだか面倒くさいななぁ…」なんて思うのは禁物。そんな一見遠回りと思えるようなアプローチが、実はあなたの想いをかなえるための一番の近道になるのです。

そのために、今日から「上司目線メガネ」をかけてみましょう。好きか嫌いかに関わらず、あなたの目の前にいる上司の心の中を知るために必須のアイテムがこのメガネです。

そして上司の年代よって、メガネのフレームは少し異なります。

30代であれば、若手に好かれたい、頼られたい。そして自分の上司であっても、納得のいかないことなら物申したいという血気盛んなフレームであるのが特徴です。

40代は若手の評価が気になり、自分の上司には良いイメージを持たれたいと思っています。働き盛りの40代は管理職を任され始める段階のため、上司自身の成績もそうですが、部下たちの仕事ぶり、離職率なども気になるのです。それをまずは理解して、その視点で話を聞いてあげたりすると相手は「快」になります。

50代は若者との価値観の違いに悩み、60代はもう20代の若手の感覚にはほとんどついていけません。でもおジイさん扱いされるのは嫌ですから、なんとかしてついていきたい…そんな想いをぜひ汲み取ってあげてください。

上司目線メガネも、年代によってこれくらいの違うのです。けっして一括りにはできないもので、1人ひとりの人格次第でレンズの形も複雑に違ってきます。

でもひとつ、断言できることがあります。部下のあなたが「上司目線メガネ」をかけて、そ

の辛さを理解してあげると、ものすごく喜んで、あなたのことを好ましいと思うようになること。さあ、あなた自身のために、自分だけの「上司目線メガネ」をかけてみましょう。

「相手目線メガネ」ポイント㉝
上司の気持ちを理解してくれている若者などほとんどいないのが現実。だからこそ、「上司目線メガネ」をかけて、上司の気持ちに寄り添い、上司にとってあなたが「快」の存在になる。社会人生活を良い流れにする一番の近道なのです。

一気に自分の「味方」を増やせる、絶好の近道がある

コロナ禍で飲食の集まりが制限されたこともあって、「飲みニケーション」という言葉はいっそう死語の淵へと追いやられてしまったように感じます（笑）。

実際、日本生命が２０２１年に調査したアンケート（年齢不

問）では、職場での〝飲みニケーション〟が「不要・どちらかといえば不要」と答えた人は全体の61・9％で、「必要・どちらかといえば必要」の38・2％を大きく上回る結果でした。

私は個人的には、自分のクリニックでも月に一度のスタッフの食事会を（コロナ禍を除き）継続しているように、飲みニケーション肯定派ですが、時代の感覚は変わってきているようです。

もちろん、誰だって価値観や感覚が違う人とは一緒にいたくありませんよね。私も20代のときは、40代・50代の先輩とはなかなか価値観が合わなかったものです。そして価値観が合わないままに参加した飲み会の場は楽しくありませんから、おのずとコミュニケーションを円滑にするという目的も達せられません。

でもそこで、「相手目線メガネ」をかけると見えてくるものがありました。

それは、多くの世代が集まる飲みニケーションの場で、20代の私が先輩や上司と価値観が合わないと感じたのと同様に、30代の先輩は40代の上司に同じように違和感を覚えていて、40代の上司は50代や60代の管理職に同様のズレを感じていたことです。

つまり、**その場にいる世代の違う人々はみんなそれぞれに居心地の悪さに悩んでいて、それが嫌な経験として記憶されることで、「忘年会スルー」と言われるような、飲み会を敬遠する状況が数多く生まれるようになったというわけです。**

けれども、そんな状況があるならなおさら、自身の成長につなげるチャンスだとも思いました。年代の異なる並み居る上司たちに信頼される、立ち居振る舞いの術を発揮すれば良いのです。

そこで「相手目線メガネ」かけた私が考えたのは、**「複数の上司が楽しめるような会話」を自ら展開すること。できるだけ、どの年代でも分かるような、共通の興味として膨らみそうな話題を提供すること**でした。

けっして難しいことではありません。あなたの時代である今の流行や旬の出来事を話題に乗せながら、目の前にいる上司の年代に合わせたたとえ話に変換して、質問を展開すれば良いのです。

「今回のＷＢＣの優勝、感動でしたよね。でも前回優勝した２００９年もすごかったんですよね。どんなメンバーだったのですか？」

「いま僕は〝髭男〟の曲が流行っていて、よく聴いているんですけど、課長が学生の頃って何を聴かれてましたか？」

さりげなく自分の話を切り出して共感のきっかけを作りながら、相手の年代に合わせた質問に変換することで、相手は「ここからの話は相手から質問してきたことだし、興味をもって聞いてくれそうだな…」という「快」のスタンスで話を向けてくれることができます。

そうなんです、共通の興味という安心感の中での話ですから、場は楽しくなるのです。

また、上司というものの習性ですが（苦笑）、とかく一番若い部下に自分の経験を話したがります。特に武勇伝などは披露したくてたまらない話なのですが、いきなり上司が話し始めると、「自慢かい！」ということになってしまうので、「相手目線メガネ」をかけているあなたなら、目の前の上司の得意な武勇伝の話を話題の中で話すことができる空気感を作ってあげることができたら最高です。

上司は「お前が聞きたいんだったら、話すけどね♪…」と上機嫌で話をしてくれるでしょう。また複数の上司がいると誰もが自分の話をし始めて、盛り上がらなかった人はヘソを曲げてしまうことがあります。

そんなことにならないよう、**偏ったりしている時には話題を変えたり、それぞれの上司の顔を立ててあげられるように、それとなくそれぞれの上司が持っている「すべらない話」ができるようにあなたがファシリテートしてあげましょう。**

これを読んで、若いあなたは「おいおい面倒だなぁ…」などと思ってはいけません。飲み会において一番大切なのは「お酒を飲むこと」ではなく、「人間関係を良くする」ことであり、実はそのための貴重な時間と場所であることを今一度認識してほしいと思います。

せっかく自分の大切な時間を費やして参加した飲み会ですから、この時間を生きたものにしなければそれこそ無駄な時間になってしまいます。

上司も不安に感じていた若手との懇親会が、思っていたよりも楽しかったりしたら、上司は間違いなく「快」になっていると思います。次の機会も楽しければ、また「快」に――。

そして繰り返される「快」の中に、「あなたがいる」ということに上司たちは気づき始めます。そうすれば、上司はあなたと食事や仕事をすることが楽しく、あなたを「快」の存在として認定してくれます。仕事においても、重要なファクターになることは容易に想像できるでしょう。

仕事の信頼は仕事で作ることができますが、その他のことでも信頼は得ることはできます。

毎日コツコツと業務の実績を積み重ねるのも大事ですが、一気にあなたの周りに「味方」を増やすことができるのが、飲み会の席でのパフォーマンスです。絶好の「近道」であるこのチャンスをぜひ活かしてみてください。

「相手目線メガネ」ポイント㉞
居心地の悪い空間は、どんな高級なお酒も食事であっても楽しくないものです。でも居心地の良い空間なら、居酒屋チェーンのお店でも会話は盛り上がります。「居心地の良い空間を作る」これは、「相手目線メガネ」をかけている人でなければ作れない空間。そして、それができる人は周りの人から「快の人」認定されるのです。

中間管理職が住む「アナログとデジタルの板挟み」の世界

現代の40代は日本の歴史上、もっとも悲劇の世代なのかもしれません。昭和から平成へと移り変わるなかで、〝年上絶対主義〟の理不尽に耐え忍んで生きてきたのが、今の40代。それなのに……です。

若い頃、今ではご法度のパワハラなどの数々のつらい状況に耐えて頑張れた理由はただひとつ。「我慢はあと少しだ！　自分も上の立場になれば楽になれる。だからもう少し頑張ろう！」――何を隠そう、私もそれを信じて生きてきた1人ですから（笑）。

不遇の時代を過ぎて、ようやく自分たちの時代がくる。辛抱が報われる時がくる…。その時を信じていました。

けれども時代は残酷です。いつの間にかインターネット全盛時代になり、ドッグイヤーをはるかに上回るほどのスピードで時代は変革。自分たちが一生懸命培ってきたアナログのノウハウは職場で通用しにくくなり、先輩たちがやってきたことをそのまま実践したら、「パワハラ」という名で責められることになりました。

Z世代と呼ばれる若者に仕事を教えたら、叱ってはダメ、怒ってはいけない。1日1回は褒めましょう…こんなはずじゃなかったのに！　それが今の40代上司の悲劇なのです。

若者に対して気を遣い、若者の評価に怯えながら、腫れものに触るように生きている上司たちは、職場で若手部下にどのように対峙すればいいのか、分からなくなっています。

だからこそ、**若手の部下の皆さんは、戸惑いや失意の中で生きている上司や先輩たちの心を透かして見ることができる「相手目線メガネ」をかけてみましょう。**

昭和世代が勘違いしている
Z世代が求める働き方
BEST 4
仕事こそ、生きがい！
生きてるぜ！
残業こそ、正義！
24時間働けます！
上司の言うことは絶対！
イー
今日も皆でカンパーイ！
飲みニケーションで語り合う！
すべてNG〜

上司たちの気持ちを察して、たとえば「先日はビシッと注意してくださってありがとうございました！」というひと言をかけたら、きっと上司は心から喜ぶと思います。

怒ったり叱ることを怖がらざるを得ない今の時代、そんなことを言ってくれる部下がいたら、きっとその上司は救われます。「相手目線メガネ」は目の前の相手の心の隙間を埋め、ねぎらうことができるアイテムなのです。

自身が培ってきた経験や学びが今も現場で活かせることが分かれば、その上司はきっと、自分が持つスペシャルな技術や思考をあなたに与えてくれるはず。その結果、部下のあなたは自社での成長やポジションアップが期待できるかもしれません。

ただ厳しくされると感じるなら腹も立ちますが、そこに上司自身の「時代に挟まれた葛藤」があることが分かれば、少し見る目や言葉を受け取る印象も変わりませんか？

アナログとデジタルが混在する時代の端境期を生きてきた上司の想いに、「相手目線メガネ」をかけて少し触れてみるのも良いかもしれませんよ。

「相手目線メガネ」ポイント㉟

部下への接し方に迷っているのが40代の上司たちです。彼らの気持ちを先読みして、満たしてあげる。上司にとって「快」な部下とはそういう部下です。そして、その姿をあなたの部下が真似をして、結局はあなたも「快」になります。スタートさせるのは、あなたからですね！

「上司目線メガネ」は常に「自分のナンバー２」を探している～NO・2理論～

いつの時代にも言われること。それは、NO・2がしっかりしていると組織は伸びるということです。

いわゆるナンバー2という言葉を聞くと、多くの人が「社長の右腕」をイメージするかもしれませんが、ナンバー2には専務のナンバー2もあれば、部長のナンバー2もあります。5年目の先輩や、極端に言えば新入社員だって2年目の先輩のナンバー2になることはできます。

いずれも「右腕」と呼ばれる存在で、それぞれに重要な仕事が回ってきます。また**ナンバー1の存在の一挙手一投足を見ることができるので、周りの人には見せていないような得意技や必殺技を身につけるチャンスが得られます。それがナンバー2なのです。**

2年目には2年目の、5年目に5年目の得意技があります。それぞれの上司や先輩たちの「得意技」をTTP（「徹底的にパクる」の略）することで、短期間で多くのスキルを身につけることができる。つまり**ナンバー2になるということは、ナンバー1の下につくように見せて、実はその人の独自のスキルを真似して身につけることができる、最強の成長メソッドといえるわけです。**

では、ナンバー2になるにはどうすればよいのでしょうか。

何も難しいことはなく、少しだけ意識の向け方を変えていくこと。「先回りの思考」をもって、ナンバー1の人がやろうとすることに先んじて、自分がそれを実行していくことです。

「え？ でも何をすればいいんですか？」…なんて心配は無用です。ナンバー1の相手目線メガネをかけて、つねに間近で思考と行動を見ていれば、次第に分かるようになります。

歯科医にもアシストについてくれる助手がいますが、優秀なスタッフの場合、つねに「自分が歯科医だったら」という仮定のもとに、施術に立ち会ってくれています。

相手目線メガネをかけて横についてくれているから、私が指示をする前に、その時その時の治療に必要な器具などを先回りして用意してくれるので、非常に仕事がスムーズに行われますし、治療に集中することができます。

そんな姿を見てきたナンバー1は、当然次もその次もあなたと一緒に仕事をしたいと思うようになります。そうやって欠かせない存在になっていけば、もはやあなたは押しも押されもせぬナンバー2。つまりポジションを得るには、相手目線メガネをかけてナンバー1の行動をつぶさに見ながら、自分のなかに吸収していくことが大事なのです。

いかにして、上司に信頼される部下になるか。上司が部下を指導したり、何かの指示をするとき、中身の100％すべてを言葉で伝えることは時として難しいものです。

言語でうまく表現できないこともありますし、時間がないなどの理由で、70％や60％しか伝えられない…。そんなときに、残りの40％を部下が自ら理解しようとしていけるか、それともそのままにしてしまうか。

実は、**上司にとっての「デキる部下」と「デキない部下」の差は、ここで大きな差がつくわけです。**

伝えられなかった40％に対して、「言われていないので分かりません」と拒絶してしまう人と、言われていないまでも汲み取ろうと努力する人。つまり、そこで相手目線メガネをかけられるかそうでないかが、上司からの評価の分かれ目になります。

「先回りの思考」と「言葉や気持ちを汲み取る思考」。自分がナンバー1の成り替わりと考えて、ぜひ目の前の上司の行動や言葉に目や耳を凝らしてみてほしいと思います。

「相手目線メガネ」ポイント㊱

目の前の人の「NO・2」になると、他の人には教えないことも教えてくれるようになります。それを徹底的にパクることで自分のスキルは飛躍的にあがっていくのです。

「昔話」は上司のためではなく自分のために聞く

あなたの上司はよくこんな話をしませんか？「昔はオレも〇〇したもんだ」「昔は〇〇だったからな」……いわゆる昔の自慢話や

懐かし話ですね。

部下であるあなたは、「また始まった…」と辟易するかもしれません。でも中には、そんな上司の昔話の中に、あなたの成長につながる貴重な話が含まれていることがあります。

上司から聞く話で大切なのは、マニュアル的なノウハウよりも、その人自身が体験してきた生きた情報です。なかでも着目すべきは、成功した自慢話ではなく失敗談。なぜなら、**成功する方法は時代によって変わっていきますが、失敗する原因は、実はいつの時代も根本的なものはそれほど変わらないからです。**

たとえば準備不足や情報不足、努力不足や油断や過信、思い込みや勘違いなど…。いつの時代も変わらぬ事柄が原因になるだけに、体験談の中に今も昔も共通して学べる要素があるわけです。

自分のミスを防ぐためにも、こうした上司の昔の失敗談を、積極的にインストールしていきましょう。

けれども、それらの〝珠玉の失敗談〟を手に入れたいと思っても、上司がいきなり何もかも話してくれるわけではありません。その重要な失敗談を聞く前に、あなたがクリアすべきステージがあります。

それは、あなたにとってほとんど役に立たないかもしれない、上司の自慢話や武勇伝を我慢してでも聞かなければならないというステージです。

自分が手に入れたい情報だけが数珠のようにつながって、どんどん自分の中に入ってくる…

それは理想ではあるかもしれませんが、ほとんどの場合で不可能な話です。

そうではなく、上司の昔の武勇伝を笑顔で聞き、話を盛り上げて、相の手を打ちながら聞くことから始めましょう。失敗談（＝あなたの成長につながる秘訣）を聞くための一番の近道は、そうやって上司を「その気」にさせることなのです。

一見、遠回りに見えるけれども、実はそれが近道になるというものは、この世に多く存在します。その未来への最短ルートは、「相手目線メガネ」をかければ見えてくることが多々あります。

上司がアドバイスしてくれたことがたとえ些細なことだったとしても、あなたにとってそれが生かされた場面があったときには、上司へ感謝の気持ちを伝えるようにしましょう。

人は誰でも、誰かの役に立ちたいといつも思っています。自分の失敗談でさえ、もし部下の役に立ったのならうれしくなりますし、そうした謙虚な気持ちを持っている部下であれば、もっとあなたの成長に役に立つような経験談を伝えたくなるに違いありませんから。

「相手目線メガネ」ポイント㊲
上司から必要な情報だけを引き出せるほど世の中は甘くありません。「10」ある話のうち、「1」があなたにとって役にたつ話が引き出せるのなら、「9」は我慢して聞く。みんなそれができないから加速度的に成長しないのです。無駄な話の中にこそ、珠玉の話が混じっているのだから…。

否定されたら「自分の盲点を見せてもらえた」と捉えよ

自分の行動を上司に否定されるという局面は職場においてよくあります。それが納得できるものであればいいのですが、腑に落ちないもの、さらには理不尽なものも時にはあるかと思います。あなたの能力が高い場合には、上司が妬みを感じて、頭ごなしに話をしてきたり、重箱の隅を突つくような否定をしてくることもあるかもしれません。そんなことをされたらとても頭に来るし、腹も立つでしょう。

でも、それを「頭に来る」という感情だけで終わらせてしまうと、実はとても損をしていることを知ってください。自分の意見や主張が認められないそのときこそ、別の視点を身に付けるチャンスだからです。

人は「自分目線メガネ」に代表されるような、自身の視点しかなかなか持てないのが普通です。

スマホを駆使して膨大な情報にアクセスできるとしても、１人ひとりの見方や着眼点はそれほど幅広く持てるものではありません。

サービスにしても発明にしても、自分目線メガネしかかけていない状況では、狭い視点でしか物事を見ることができないためビジネスの発展性が奪われてしまいます。

であるならば、上司が否定しているものに対して、「そのような目線もあるんだ」と頭を切り替えてみてはどうですか？ せっかくなら上司の「相手目線メガネ」をかけて、自分の意見に否定的な上司の視線の焦点が何に合っているのかを考えてみましょう。

昔ながらのやり方は今の時代には有効でないことも多いかもしれませんが、上司が部下の考えを否定する、逆にいえば上司が肯定し、認めていることが何かを知れば、上司と同じ世代にリーチできるビジネスのヒントを得ることができるかもしれません。

たとえば、ＦａｃｅｂｏｏｋやＴｉｋＴｏｋ、ＩｎｓｔａｇｒａｍなどのＳＮＳマーケティングは今の若い子は十分に使いこなせるわけですが、そんな最新のアプリのすべてを理解し、ビジネスに活用する方法を上司に伝えたり、提案するしても、年輩の上司は難しいことがもっぱらでしょう。

そのような提案をするのではなく、その中で上司が過去の自分の経験から理解できるような機能のみに特化して提案する。そういう工夫をすることで、年配の世代だってあなたの提案に飛びついてくることがあります。

または、今はとかく先端性や機能性に目が映りがちですが、年配の上司からすれば、「そんなにそれが大事なのか？」と否定する気持ちってあると思うのです。

そこで上司目線メガネをかけてみると、この上司たちの年配世代は「目新しさよりも、旧来の権威や伝統などの文言を重視する」という気づきが得られるかもしれません。上司の世代が喜ぶ価値や感覚に寄り添った商品を作っていくことによって、若い感性では着眼できない新たなビジネスの展開につながるヒントが得られることだってあると思います。

もしも自分の意見や考えを否定されたら、むしろ「自分の盲点を見せてもらえた」と捉えて、新たなヒントを得るためのチャンスに置き換えましょう。

これまでのあなたの頭の中になかった思考が生み出され、ビジネスの拡大につながるかもしれませんよ。

「相手目線メガネ」ポイント㊳
自分目線メガネは自分の年代の価値観をグリップすることはできるが、ビジネスチャンスはその範囲内だけになってしまう。「上司目線メガネ」で上司の価値観を捉えて、それを幅広い年代のビジネスチャンスに活かそう！

「マウンティング上司」は褒めれば可愛がってくれる

あなたの周りにも、いませんか？　マウンティング上司（笑）。マウンティングとは自分の優位性を相手に誇示する言動のことですが、いろんなタイプがあります。

学歴や家柄などを鼻にかける人や、経済的な豊かさを前面に押し出す人、または上司という立場を使って相手を見下す言動をする人…。人との比較を過剰にしたがる「マウンティング」が好きな人は、上司の中にも一定数いて、つねに部下にストレスを感じさせる存在になります。

できればそんな上司とはお近づきになりたくはありませんが、会社ですから仕方ありません。なんらかの接点をもたなければいけないことは多々あります。

そんなとき、マウンティング上司の「相手目線メガネ」をかけて見てみると、分かってくることがあります。それは、**共通して自分に「自信がない」ことです。**

心理学的にも、能力などに自信がない人ほどマウンティングをして、「自分は格上だ」という安心感を得ようとします。

自分はスゴいんだと無理にでも伝えなければ、目の前の人が認めてくれない、価値を感じてもらえないのではないか。そう考える人が、マウンティング族になりやすいのです。

自分に自信がないという「マウンティング上司」の実体を知ったあなたは、本当の意味で上司に対して、「優位に立つ思考」をはたらかせてみてはどうでしょうか？

つまり、「〇〇さんはマウンティングで上司風を吹かせるしかないのだから、どうぞご自由にマウンティングしてください」と、良い意味であきらめの気持ちを作るのです。

こう書くと、上司のことを否定して存在を遠ざけるように聞こえますが、まったく逆です。

あくまでも、マウンティングされて嫌な気持ちになることを消化するための思考であり、その上で、上司に対するコミュニケーションは積極的に取っていくようにするのです。

実はマウンティングしてくる上司というのは、自分に自信がないのもそうですが、部下であるあなたとのコミュニケーションが十分に取れていないことに対する「不安の裏返し」でもあるんですね。ですから、面倒でもあなたのほうからできるだけ積極的にコミュニケーションを取っていけば、マウンティング上司の態度は次第に変わっていきます。

あなたの方から「すごいですね！」の一言を上司にかけてあげるだけでもいいのです。マウンティング上司は、自分が役に立っていることを部下が認識してくれていると感じるのが一番の安心境地です。

上司がマウンティングをしてきたときに、「また始まったよ……」とげんなりするのではなく、ほんの少しでも共感できるようなことであるなら、素直に上司を褒めて（認めて）あげることが大切です。

「ほんとに？ そんなことをしていたら、マウンティング上司は図に乗って、いつまでたってもマウンティングされ続けるのではないの？」あなたはそんなふうに心配になるかもしれませんね。でも大丈夫。

マウンティングしているのは、自分の自信の無さから来る承認欲求ですから、ある程度それに丁寧に付き合っていれば、上司はいつの間にか「この部下には伝わっている」と感じます。「こいつはよく俺のことを見てくれるな」と感じて、その相手にはもはやマウンティングは必要なくなります。上司を認めてあげるコミュニケーションを取っていけば、あなたにそれを行う意味などなくなっていくわけです。

さらに、周りが「相手目線メガネ」をかけていない人たちばかりならなおさら、あなたの存在を大切に思うようになるはずです。だって、唯一自分を認めてくれている部下であるあなたに、けっして嫌われたくはありませんから。

「相手目線メガネ」ポイント㊴
マウンティング上司を作り出しているのは、職場の人間関係（コミュニケーション）がうまくいっていない証拠と言えます。上司の不安の裏返しがマウンティングなのです。

「瞬間湯沸かし器上司」のトリセツを作って共有する

とくにスポーツの世界の指導者に、「瞬間湯沸かし器」の異名をとる人は多くいます。文字通り、怒りの沸点に短時間で届いてしまう、いわゆるカッとなりやすい人のことを言いますね。

学生時代、体育会系の熱血監督に指導を仰いだ経験は私にもありますが、それはスポーツという、いわば特別な空気感のなかでの人物像。一方で面倒見のいい人情派であることも多く、人生の教訓を得た良い思い出もあります。

けれども、そうした心と心のつながりがない中で、単なる「瞬間湯沸かし器」の上司が目の前にいると、部下たちは冷や冷やものです。いつ怒りのスイッチが入って、熱い湯気が立ち上ってしまうかも分からない…。まったく歓迎しない絶叫マシンのような恐怖につねにさいなまれ、同じ職場の部下たちが、毎日居心地が悪くなるのも仕方のないところでしょう。

では、瞬間湯沸かし器のような人は、なぜそうなってしまうのでしょうか?「相手目線メガネ」をかけて見てみましょう。

実は瞬間湯沸かし器の上司って、心配症や不安症の人がかなり多いのです。

自分の中につねに不安の感情を抱えているため、それを自分でコントロールできず、後先考えずに直情的な行動を起こしてしまう。心の許容範囲が狭い状態に置かれているから、怒りの沸点がおのずと低いわけです。よく使う言葉では、視野が狭いといっていいかもしれません。

だとしたら、**「相手目線メガネ」をかけたあなたにできることは、まずはその上司を安心させてあげることです。**

その上司が何に対してイライラしているのか？ 何に対して不安を感じているのか？ を「相手目線メガネ」をかけて先回りすればよいのです。

怒りのスイッチが入ってしまう原因と、沸点を下げてしまう心理状態……それを把握して防御策を講じていけば、湯沸かし器はただのポットのままで、誰もやけどすることはありません。

瞬間湯沸かし器のスイッチが入ってしまうイライラポイントがどこにあるのか。それを見極めるには、相手目線メガネをかけて、その上司の行動と思考をじっくり見ていくしかありません。

たとえば、相性の悪い人との組み合わせや、苦手に感じている仕事の種類、またイライラが作動してしまう部下の行動…これらの事柄をたとえば箇条書きに羅列していきながら、「湯沸かし器」を上手に使いこなすためのトリセツを作っていきましょう。

そして、作ったトリセツを職場の同僚で共有していくと、自分の働きやすい環境が作れるのはもちろん、周りからずいぶんと感謝されるに違いありません。

相手の思考を変えようとしてもなかなか難しく、期待しても報われない努力になってしまうことは多くあります。それよりも、相手の思考や感情を把握して、それに対応できる自分を作るほうが何倍もたやすいことなのです。

「相手目線メガネ」ポイント㊵

他人と過去は変えることができない。でも、データをとって、今から起こる未来をコントロールすることはできますね。「瞬間湯沸かし器上司目線メガネ」をかけて（笑）、沸騰のボタンを押させない環境作りであなたの職場の空気は一変するのです。

部下に抜かれても「俺が育てた」と武勇伝にできる

「○○はデキる男でいいヤツで、すっかり俺を越えてしまったが、あいつのことは俺が育てたんだぞ」

あなたが上司にこんなひと言を言ってもらえるようになったら、「相手目線メガネ」をかけて接してきた効果がとても出ている証と思います。

人間をはじめ動物の本能には、妬みの感情を抱く回路が組み込まれているそうです。進化の過程で、動物は生存競争のなかで食べ物などを奪い合ってきたわけで、それは言い換えれば、他者の不幸が自分の幸福につながるということ。他者を妬み、不幸を喜ぶことが人間にとっては必要で、その感情は本能的に誰もが心に宿しているというわけです。

好きでない相手が成功していく姿を見るのは悔しいし、ともすれば「失敗すればいい」という感情が湧くのは、人間としての仕方のない性であるわけです。

職場でも、同じことです。他人が自分よりも早く出世すると悔しいし、妬みの感情が湧くのは当然でしょう。ましてや、上司が自分の部下に抜かれて自らのポジションを奪われてしまう…なんて状況は、負の感情がMAXにまでふくらむかもしれません。

上司を実力で抜いてしまったあなたには、何の非も恥ずべきこともないのに、なんだか「かつての上司」との関係がギクシャクするし、せっかく楽しい職場だったのが、急に居心地が悪くなる…なんていうことにもなりかねないのです。

でも、そこで相手目線メガネをかけてみましょう。目の前の「かつての上司」は、確かに人間の本能としての妬みの感情はあるでしょうが、それとともに、自分が育てた部下が自分を越えてくれた、という喜びの感情も同時にあるものです。

だから、そうした正の感情の部分を上手に刺激してあげるのです。

「○○さんの指導のおかげで、このポジションをいただくことができました」
「○○さんがいつも背中で仕事を見せてくれていたのを、そのまま真似ただけです」
「今回のプロジェクトを評価してもらえたのも、○○さんがこれまで土台を作ってくれていたからです」

こんなふうに、「上司の功績」であることを強調して感謝を伝えてあげることで、妬みのマイナス感情を消し去り、認められたというプラスの感情が上司の心を支配することになります。

「上司がいたからこそ」という感謝をいつも伝えていく。それが、自分の味方を増やしていく

ための人間関係づくりになります。何かの食事や飲み会の席で、ポロっと言葉にして伝えると、部下であるあなたと上司（すでに逆転している関係性かもしれませんが）とは素敵な人間関係が作れるはずです。

「相手目線メガネ」ポイント㊶

「上司の気持ち」をあなたが理解してあげられる人になれれば、上司はあなたを手放したくなくなります。そんな人はなかなかいないからです。でも、その結果、あなたのことを上司は「快」な部下と認識し始めます。「不快」な上司を、あなたが「快」の存在にできる。「相手目線メガネ」とはそういうアイテムなのです。

第 6 章

「経営者メガネ」で
会社から大事にされる存在になる

社長は永遠に「クライアント&世間の部下」だった

前章で「上司目線メガネ」をかけて自分の上司とのコミュニケーションを円滑にしていく方法を紹介してきましたが、この章では、同じ「上司」でも少し切り口の違う、「経営者目線メガネ」について話してみましょう。

経営者つまり会社の社長は、会社にとっての唯一無二の存在であり、他の社員の誰とも立場の異なる特別な立ち位置にあります。経営責任という、企業のなかでもっとも重い役割を担うだけに、他のどの社員ともモノの見方や捉え方が違うのです。

もしもあなたが経営者の視野や視点を持てれば、経営者自身から大事にされる存在になるでしょうし、そのメガネをかけることであなたの視座は一段も二段も高くなり、ビジネスパーソンとして成長が加速していくに違いありません。

社長というものは、事業が成り立っていて初めて社長となり得ます。そして事業とは売上を出すことであり、利益を出すことです。では、利益は誰から得られるのか？ 言うまでもなく、顧客ですね。お客様が商品やサービスを購入したり使ってくれることで、初めて売上や利益を挙げることができます。

そう考えると、社内ではトップの地位にある社長も、実はつねにクライアントであるお客様の思考や動向を気にするという力関係。言ってみれば、社長は事業を行っているかぎり永遠に、ク

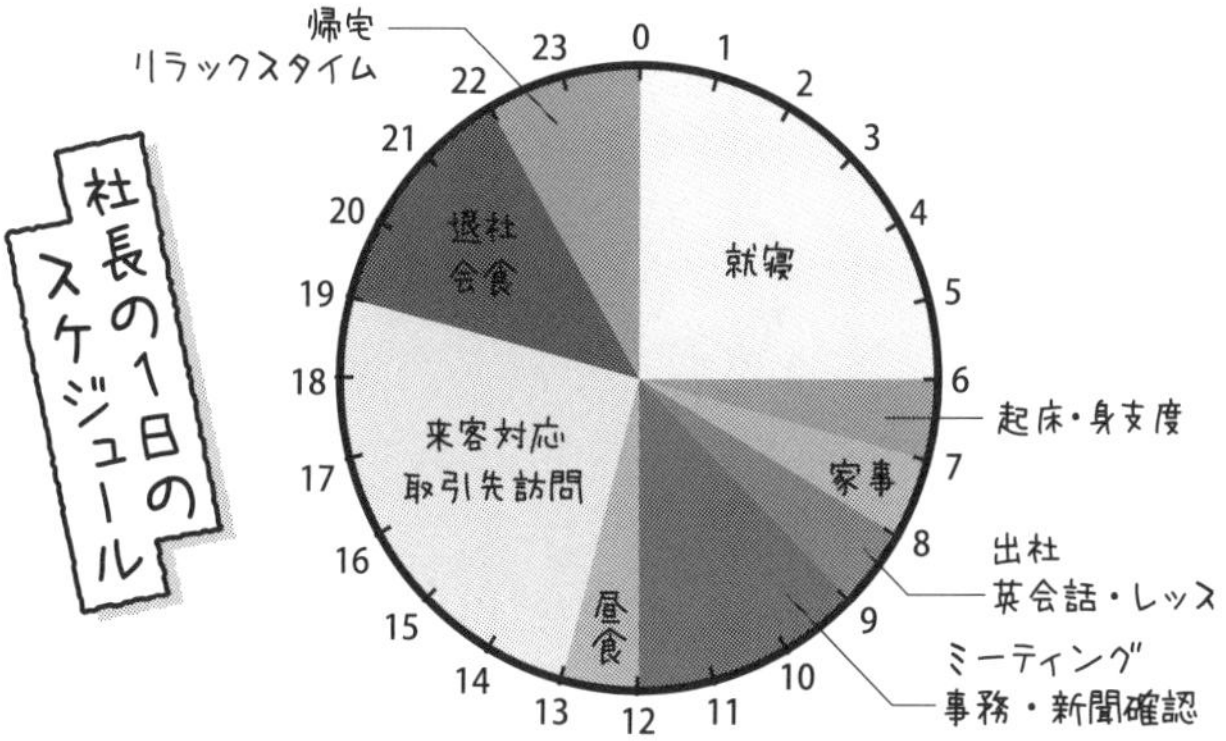

ライアントやお客様の「部下」であるとも言えるわけです。

社内でもっとも高い地位にいて威張っているはずの社長も、得意先を相手にすると、一般社員が対応する以上に平身低頭で機嫌をとっている姿がありませんか？

そんなふうに社長は、自分の永遠の「上司」であるお客様を喜ばせたい、楽しませたいと一生懸命に知恵を絞り、日々行動しているわけです。

そうやってつねに気を張っているなかで、ときには理不尽なお客さんもいて、気持ちが重くなることもあるでしょう。

そんな社長の心の中を、「相手目線メガネ」で見てみましょう。

いつもクライアントや顧客に対して気を使い、働いている社長は少なからず、「せめて社員には自分に対して優しくして欲しい」と心のなかでは思っています。

社長は自分のつらい心のうちを、安易に社員に打ち明けることはできません。だから不安な心はいつしかストレスを産み、分かってくれない社員に対して横柄な態度をとってしまうことにもなるのです。

「なんだか社長、今日はイライラしているなぁ」……そう感じることがあれば、きっと社長は会社の外にいるたくさんの「上司」に気疲れしつつ、そのことを分かってくれない社員に対して、ストレスをため込んでいるというわけです。

そんな社長の心の内が、経営者メガネをかければあなたにも見えるかもしれません。つらい思いをしている社長へ、ねぎらいの言葉をひとつくらいかけることだってできるはずでしょう。

「社長、いつも僕たちのために得意先のフォロー、ありがとうございます」

「○○社への対応、社長が連絡される前に私のほうで下話をしておきましたよ」

社長の負担を少しでも軽くできるように気遣いすることで、社長はどれだけ救われる気持ちになるでしょうか。そして、あなたがかけがえのない部下だと映るはずです。

誤解のないように付け加えれば、これは社長におべっかを使えということではありません。社長にゴマをすれというのでもなく、**「相手目線メガネ」をかけて、社長自身の視点に立って社長の想いを汲み取ってあげるということです。**

経営者の日々の苦労に気づける部下は、社長との関係をさらに良くしていくことができますよ。

「相手目線メガネ」ポイント㊷
社長は孤独な生き物です。社長の思いを分かってくれる部下など１人もいないと思い込んでいます。だからこそ、ちょっとしたことでもいいのです。社長が社員に対して気を遣ったり、気にかけていることに「感謝の言葉」で応えてみましょう。あなたが想像している以上に、社長は救われたような表情をしますよ。

「経営者メガネ」と「上司メガネ」は何が違うのか？

同じ社員の目から見て、経営者と上司の違いはどこにあるのでしょうか？　会社の規模や、その社員の置かれている立場によって、経営者が直属の上司になることもあるでしょうし、ときにはその線引きが難しい場合があるかもしれません。

けれども、経営者と上司、つまりは社長と一般管理職とでは、かけているメガネはやはり違います。社内で接する社員からすると、その違いはしっかり認識しておいたほうが良いでしょう。

社長は自分がプレイヤーであることも多いと思いますが、何よりも経営者として、全体をコントロールしていくリーダーの役割があります。

自分自身が成し遂げてきた成功法則があり、いつも「自分がもうひとりいたら…」という理想を持っているので、プレイヤーとしてだけでなく、優れた社員をどうキャリアアップさせていこうかというスカウト的な視点も持っています。

つまり、**経営者である自身と近い感覚を持つ人材が社内にいないか…革新性やリーダーシップなど、自分の代わりもしくは右腕として仕事をしてくれる部下を求め、探しているのが上司とは違う「社長の目線」です。**これを認識することがとても大事であることを、この章では強く言っておきたいと思います。

たとえば、「盲導犬理論」をご存知でしょうか。盲導犬は基本的に、連れている人が行きたい場所へと従順に導いてくれます。けれど、もしその人に何かの危険が訪れ、トラブルが生じるようなときには、必死で人を守り、危険な状況を安全な状況に戻そうと努力します。

それと同じように、**ふだんは社長の良き理解者でありつつも、危機が訪れたときには社長に意見することをいとわず、状況の改善をはかる。こうした役割を担える人材をつねに探しているのが、社長目線メガネなのです。**

誰かが社長目線メガネをかけたら、たとえばこんな景色が表れてきます。

これまで「社員は家族」という方針で、日ごろの社員同士の飲み会を大事にしてきた社長が、コロナ禍でその機会を奪われ、若手とベテラン社員との間にすきま風が吹き始めたことを心配していました。コロナが落ち着いてからも、とくに若手社員は飲み会に積極的に参加しようとせず、社長の心の中は晴れないままでした。

そんなときに社長目線メガネをかけてみた若手社員の1人は、社長の代わりに同僚たちにコミュニケーションの重要さを説いて周り、飲み会に代わる新しい社内イベントを企画し、社長に提案しました。社長がその若手社員を「この会社にとって必要不可欠な存在」として頼りにするようになったのは言うまでもありません。

また中小企業に多いのは、社長が自らプレイングマネージャーとなって会社を大きくしてきたような例です。その手腕は絶大で、社内への影響力が非常に大きい、いわゆるワンマン経営の状況ですね。

ただ気がつくと、社員の多くはその影響力の大きさから、自ら考えることをしない思考停止の状態になっていることが少なくありません。一方でIT・デジタル時代の進化の速さに社長自身もついていけなくなり、会社が未来図を描けない暗い状況に陥っている…といったことも起こり得るのです。

社長自身もそのことに気づいて、どうしたら良いのか…？　という苦悩にさいなまれる。こうした会社は、今とても多いと感じます。

そのときに、社長目線メガネをかけたあなたが取る行動は、**社長の「新しい眼」になることです。**社長がこれまで培ってきた理念や方針、想いは大切にしたまま、それを今のトレンドにマッチさせる企画を立てるべく自ら動いていきましょう。

ワンマンで会社を牽引してきた社長ほど、自分目線メガネを外してみることにはひときわ怖さがあります。だって、その自分目線メガネで成功を収めてきたからです。だからこそ、あなたがその新しいメガネになってあげればいい。社長がつねに探しているのは、そうした唯一無二の右腕たる存在なのです。

「相手目線メガネ」ポイント㊸
社長が言うと上からの命令になり不満の声があがることも、社員からの提案ならバイアスなしでみんなに取り入れられることがたくさんあります。時に社長の思いを代弁できる社員は社長にとって手放せない「快」の存在になります。

「経営者メガネ」に「職場の小競り合い」は「アウトオブ眼中」

職場で何かの問題が起きたときに、よくこのような会話になりませんか?

「誰が悪いの?」「私じゃないよ」「あなたが間違ってる」「いいや、あなたでしょ」

いわゆる責任のなすり合いで、どちらが正しいのか、間違っているのか? にこだわり、そこにフォーカスした議論だけで問題の本質がどこかに行ってしまうパターン。社員同士が自分目線メガネのままで向き合えば、そんなやり取りに終始してしまいがちです。

ここで、経営者の「相手目線メガネ」で見てみると、どのように映るのでしょうか?

どっちが正しい? どっちが悪い?…そんなことにこだわるよりも、失敗が二度と起きないよ

うに仕事の精度を上げていくためにはどうすれば良いのか。そういうところにこだわって考えてくれ…そう思っているはずです。

では、社長の目線が見えたあなたは、どう動けば良いのでしょうか？

まずは両者の感情面での小競り合いを解決するのと同時に、その小競り合いが起きた原因を突き止めることです。

そしてここからが大切なのですが、社長目線が大切にしているのは、そんな社員同士の小競り合いなどそもそも起きてほしくないということです。

つまりあなたがやるべきことは、**起こった問題の原因を把握し、それが今後生じないような仕組みや制度を造ること。リスク回避の方法や人と人との組み合わせ、情報などを整えるべく自ら動いていくことなのです。**

社員の立場ではお互いの正義や正当性をぶつけ合うことに終始しがちですが、社長が望むのは、個人の正義の主張はさておき、問題が二度と生じさせないための対処法です。

つねにこうした視点で動くことが、経営者目線を持つ社員になるための近道と言えると思います。

「相手目線メガネ」ポイント㊹
「どちらが正しいのか？」という議論の正解を導くよりも、「このような議論が2度と起きないようにするためにはどうしたらいいのか？」を提案できる社員になる。それが「社長目線メガネ」です。

経営者は「絶対信感」を持った部下をつねに探している

音楽の世界に「絶対音感」という言葉がありますね。ある音を聴いたときに、その音の高さを絶対的に認識する能力のことです。この能力があることで、一度曲を聴いただけでその曲を正確に演奏することが可能になるというからすごいものです。

私はこれって、経営者が社員に対して求める感覚に似ているのかな…と思います。

つまり、社長がいま考えていることは、どんなことなのか？　どんな意図があるのか？　そのことを、音感を認識するように正確にとらえ、代わりに実行すべく行動できる。あたかもその場所に社長がいるかのような雰囲気を出していける——それを私は、**「絶対信感」**と呼んでいます。

「そんな社員、なかなかいないのでは？」…そう思われて当然でしょう。実際にそこまでの存

在になれる社員はおいそれとは育たないかもしれません。けれども、「気づき」だけでもいいのです。「絶対信感」を持つことができる社員を見出し、いっぽうで社員の側も「社長目線メガネ」をかけることで社長の想いを理解し、その存在になれるよう歩みを進めていく。そのための気づきを得ていくことがこのメガネの効果であり、最初の一歩といえます。

会社にとって重要な事柄のひとつは、これまで培ってきた会社の知識や技術を廃らせず継承していくことです。

それは会社や経営者にとっての固有の財産であり、外部に流出することは当然避けたいもの。ですから、限られた人間…つまりは後継者たる人にしか、それを引き継がせることをしないケースが多々あります。

だからこそ、社員であるあなたにとって重要なのは、**社長があなたを見たときに「自分のマル秘テクニックを教えてもいい存在だ」と感じてもらうこと。言い換えれば「絶対信感」を持つ後継者である、と認めてもらうこと**なのです。

自らの理念をどこまで深く理解しているか？ 仕事に対しての

熱量は自分と同じなのか? 経営者はつねにそうした温度感を大切にしています。

絶対音感は、持って生まれた才能であり性質であることが多いと聞きます。けれども「**絶対信感」はそれとは違って、あなたの意識や気づき、心がけ次第でいくらでも後から備わるものです。**

それを得るための必須のアイテムが、相手目線メガネというわけです。

「相手目線メガネ」ポイント㊺

社長の指示にただ従うだけでなく、「なぜ社長はこう言ったのだろうか?」「なぜ社長はこのような目標を立てたのだろうか?」など、「社長目線メガネ」をかけることでその真意に近づくことができます。そういう人材を経営陣は探し求めているのです。

経営者は「社員のエンゲージメント」を高める代弁者が欲しい

経営者が社員にしてほしいことには、究極的には2つしかないのかもしれません。

それは、「**業績が上がるように頑張って働いてほしい」ことと、「他の社員との人間関係に悩むことなく楽しく仕事をしてほしい**」というもの。そしてこの2つには相関関係があり、職場でのエンゲージメント（会社も社員同士も）が高まれば、おのずと業績が上がるという結果が得られるわけです。

社員同士の人間関係が円滑なら風通しの良い職場になり、情報の共有や業務連絡がスムーズに進むことから生産性が高まり、業績はおのずと向上します。もちろん経営者は、業績を上げて社員にそれを還元したいからこそ努力しているわけで、だからこそ「社員同士や会社へのエンゲージメントを高める」ことに日々注力しているのです。

ただ、さまざまな面で人と人のコミュニケーションが希薄になってしまった今、社長の努力はなかなか思うようには進みません。社員同士のエンゲージメントを高める企画を一生懸命考えても、若い社員にはすぐには響かない。特に若い社員からの「飲みニケーション？ いまどき流行りませんよ」「仕事以外で会社の人に会うなら残業代が欲しいくらいだわ」といった声を聞かされて、落ち込む社長さんが少なくないのです。

逆に年配の社員からは「最近の若いヤツが考えていることはさっぱり分からん」「誘っても嫌な顔をされるだけだから、最初から誘わん」といった話を耳にして、さらに暗澹たる気持ちになる経営者が多いように感じます。

自分がせっかく考えた社内イベントも、「つまんない」と社員1人にでも言われると、社長の心はひどく傷つきます。みんなのためを思ってせっかくやろうとしているのに…と、もはや企画を考えることすら止めてしまいます。

そんな気の毒な社長を前にしたあなたは、どう動けばいいのか？ もはや答えはお分かりでしょう。飲み会でもバーベキューでもボウリング大会でも、「昭和か！」とツッコミを入れそうな若手社員と、受け身感覚の年配上司の橋渡しになって、イベントを盛り上げる役を一手に引き

受けてしまいましょう。

これを社長がやると損得勘定が透けて見えてくるため社員も警戒しますが、1人の社員に過ぎない善意の第三者であるあなたが、社内のコミュニケーションを促すためのイベントを盛り上げていく想いは、社員にもやがて伝染していくはずです。

若手の社員みんなも、本当は分かっているんです。だって、技術も体力も年齢も全く同じ2チームが戦ったとき、信頼関係が抜群のチームとバラバラのチームが戦ったらどちらが勝つのか？…誰だって分かりますよね。どんなにひねくれた若手社員でも、「そりゃ、前者だろうね」と答えるはずです。

そう、みんな分かっているんです。コミュニケーションが取れている方が、絶対に成果にも好影響を与えることを。

でも、それを実現するための行程がイメージできないから、一歩を踏み出せません。100人中100人が分かっていることであっても、それに気がつかないようなふりをしたり、目を向けようとはしないのです。けれども相手目線メガネをかける術を知っているあなたであれば、きっと間を取り持つことができます。

みんなが良いと思っている、つまり正解がすでに出ている場所へと導くことは、それをアテンド（案内）する人さえいれば必ず到達できます。「相手目線メガネ」は相手の気持ちが分かるだけではなく、組織全体を良い方向に変えていくことができるものなのです。

「相手目線メガネ」ポイント㊻
それぞれの社員たちにはそれぞれが「快」に感じるポイントがあります。全員を満足させることは現実的には不可能です。でも、「今も昔も変わらない普遍的な価値観」というものは統一することが可能です。それをアテンドできる社員は一気にスターダムを駆け上がることができるのです。

経営者は「守るもの」があるから不思議議なルールを作りたがる

みなさんの会社には、先祖代々なぜか連綿と受け継がれている「謎のルール」ってありませんか？ 新しい会社であっても、「なんでこんなことするの？」と実は社員誰もが感じている不思議なルール…。それぞれの会社に、きっとひとつぐらいは「謎ルール」があるんじゃないかと思います（笑）。

たとえば私が知っている会社では、「挨拶の言葉がオリジナル」「社員同士をニックネームで呼び合う」、また「社員みんなでカラオケに行ったとき、最初と最後で歌う曲が必ず決まっている」

本当に必要なのか…
謎だ…
半期に一度の…
社員旅行

といった決まり事があるそうです。

こんなふうに会社には、「なんで？」と思うような、明確な根拠を誰も説明できない謎のルールが1つや2つはあるものです。

ユニークというべきか、無意味というべきか（笑）。最初にそれを聞いて戸惑う若い社員は多いと思いますが、そこで「こんなルール意味ないよね！」と切り捨ててしまうのもどうかと思います。

明らかに組織や業務を非効率にするルールはどうかと思いますが、そうでなく、ちょっとクスっと笑えるものなら歓迎しましょう。その謎ルールが社内に生まれ、とにもかくにも職場の先輩たちが守ってきた伝統であることに着目する気持ちが大事だと思うからです。

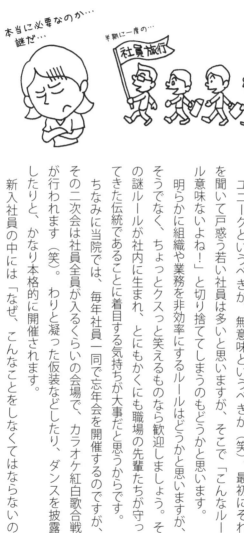

ちなみに当院では、毎年社員一同で忘年会を開催するのですが、その二次会は社員全員が入るくらいの会場で、カラオケ紅白歌合戦が行われます（笑）。わりと凝った仮装などしたり、ダンスを披露したりと、かなり本格的に開催されます。

新入社員の中には「なぜ、こんなことをしなくてはならないのか？」と最初は不信に感じる人も若干名いますが、本番まで、何度も仕事が終わった後に先輩たちと打ち合わせをしたり、練習をしたり、そんな時間を共に過ごすので、**忘年会の当日にはそれぞれの部署を越えて、すでに「戦友」のような関係になっているケースがほとんどです。**

そうなると、**その後の職場でのお互いの関係性は非常に良いものになります。これは、普通に飲み会を何度したところで到達できる領域ではないともいえそうです。**

今の時代において、このような取り組みは、若手社員には一番嫌がられる取り組みなのかもしれません。けれども、一見意味がないと思えるようなことも、それを発案した社長や何年にも渡って継続開催してきた先輩たちの、今の会社の歴史を作り、そこに結果が残っているという強いエビデンス（想い）があるかもしれません。

時代を超えて、年齢が離れた社員であっても、その謎ルールを一緒に守っていくことで、組織には絆が生まれるものなのです。

謎ルールとは世間の常識では測れない、その会社にいる人にしか分からない、なにか不思議な力を持ったルールなのかもしれませんね。

「相手目線メガネ」ポイント㊼
経験したことがないことは、基本的には否定されます。でも、その会社で途切れずに続けられてきたことというのは、「経験してみたらその大切さが分かった！」ということもたくさんあります。「信じてやってみようよ！」そんなことが言える社員は頼もしいリーダーへと成長していきます！

社長は信頼できる部下から、「正しい経営判断なのか」の意見が欲しい

ひと昔前は、いわゆる社長のいいなりになるような「イエスマン」が重宝された時代もあったようです。それは時代の流れが今よりも緩やかだった時代のことであり、現代のような恐ろしいほどの変化スピードと情報量で社会が動いているなかでは、社長のこれまでの経験や判断力が、従来と同じように通用するという確証はありません。つまりイエスマンで周りを固めたのでは、健全な企業経営はできないということです。

社長や経営陣が培ってきた成功体験はもちろん否定されるものではありませんが、かといって、これからも必ず正しい判断であるとは限らない。VUCAと呼ばれる先の見えない現代であるからこそ、「YES」だけではなく「NO」も言える社員の存在が重要になるわけです。

ただ、なんでもかんでも「NO」と言えばいいわけではなく、その根拠となるものを経営者に示すことができなければ、信頼を勝ち取ることはできません。

そう考えたとき、今こそ重要になってくるのが、経営者の「相手目線メガネ」をかけている社員の存在です。

たとえば、「社長肝いり」の新しい○○プロジェクトの指令が経営陣から出されたとしましょう。けれども、半年後のリリースを見越す際に、その時機には明らかに今のトレンドとは違っている局面が見通せることをあなたが気づいていたら――。

「社長、半年先には今のブームはすでに下火へと向かっている可能性が高いです。このプロジェクトは方向性を変えるべきではないでしょうか？」――そう社長に進言するのはもっともです。けれども、社長はおそらくこう言うでしょう。

「ほう？　どうしてそう思う？　根拠はなんだね？」そこで示すべき明確な根拠を持たないのであれば、進言はただの経営者批判へと変わってしまいます。

ただ中には、明確なエビデンスを示すことはできないけれど、経営者に「君が言うのなら再考の余地があるかもしれないな」と耳を傾けさせることができる場合があります。

それは**経営者が、その社員のことを強く認めている場合。分かりやすい言葉でいえば、信頼できる部下だと認識しているる**ときです。

信頼される社員になるには、ＹＥＳばかり、ＮＯばかりを言い続けるのではなく、日頃から経営者の施策やプランに対して確かな目線で客観的な評価をしていかなければなりません。加えて、**社長の会社に対する貢献性や判断の素晴らしさの点を、日頃から評価・認識していることが社長自身に伝わっていることが必要なのです。**

ただやみくもに、社長の行動を奨励しなさい、という意味ではありません。ときにまずい判断をする社長でも、10のうちすべてがそうではないでしょう。仮に2や3しか良いところがなくても、まずはその点に光を当てて、社長に評価の声を伝えるようにするのです。

自分のことを正当に評価し、信頼してくれている社員からの「ＮＯ」という意見に社長は敏

感に反応し、今一度検討を加えていこうという判断につながります。

なんでもかんでもイエスマンではダメだし、否定でもだめ。経営者は周囲から褒められることが少ないですから、社員として経営者を承認してあげることがまずは必要。そうして信頼を勝ち取れることができれば、今度は自分の意見を聞き入れてもらえるようになることをぜひ知ってください。

最初からＮＯと反発するのではなく、まずは社長の信頼を獲得することが大事です。そうした関係性が社長と部下との間にできれば、周りに位置する社員にとっても働きやすい環境が自然にできていきます。

お互いの信頼の数値の高さは、承認したり、時には否定したりしながら積み重なっていくことの結果です。それが、あなた自身の会社での発言力を高め、働きやすい職場を造っていくことにつながるわけです。

「相手目線メガネ」ポイント㊽

「不快」な存在の相手からの助言は、それがたとえ正しかったとしても素直に聞き入れることは難しいもの。まずは社長にとってあなたが「快」の存在になっているのか？議論の前に実はその条件の方が重要なのです。

逆風のなか、社長は利益をどう還元するかで迷っている

バブル崩壊、リーマンショックやコロナ禍など、誰もが予測し得ない事態というのは時として起こるものです。1回の不測の出来事によって、会社自体が倒産の危機に瀕してしまうことだって少なくありません。

その中で社員というものは、どうしても社長に比べると短絡的な思考になりがちで、刹那的な捉え方をしてしまいます。マイナス状況を脱して売上が戻ってくると、「これまで我慢したのだから、給与や賞与はどんどん上げてほしい」と考えがちでしょう。

それ自体は決して間違ってはいませんが、実際のところ経営者としては、社会情勢が回復してすぐにはおいそれと応えるのは難しいでしょうし、今後不測の事態が起きたときに備えて、まずは内部留保を造ることが先決と考えるのも仕方のないところかもしれないのです。

こうした視点で、経営者の「相手目線メガネ」をかけてみるとどうでしょうか。

業績が回復して得た利益は内部留保に回して、もしもの時にも対応できるようにしておきたい。けれども、厳しい情勢の中で頑張ってきてくれた社員にもどうにか労いたい…。

こんな経営者の想いを代弁してくれる社員がいたとしたら、経営者はどのように感じるでしょうか？

もし、「相手目線メガネ」をかけて社長の心が分かったあなたが、他の社員に対して、厳しい

時期に社長がどれだけの苦悩の中で――たとえばコロナ禍において、売上が下がり続ける恐怖の中で――どれだけ眠れない夜を過ごしたかという想いを他の社員に伝えてくれたら、社長はどう思うでしょうか。

間違いなくあなたは、社長から圧倒的な信頼を勝ち取ることができます。

社長としては、その気持ちをひとりでも多くの社員に分かって欲しい。そう思いながらも、自らその言葉を口にすることはなかなかできません。そのぶん、想いを理解し、それを代弁してくれる社員の存在を心から欲しているわけです。

代弁してくれる社員によって、みんなが社長の苦しみを知り、それに報いるために会社一丸になってがんばろう！という姿勢になれば、社長も未来のために社員たちに何かをしてあげたいという気持ちになるでしょう。

もしくは、何らかの売上目標を設定し、クリアできたら臨時ボーナスを支給してもらうなど、新たな相談や交渉をしたら、それに応じてくれるかもしれません。

なぜなら、厳しい時代がまた訪れたときにも、それを自分ごととして理解してくれる社員が多くいるのなら、社長の不安は最小限になり、困難な中でも「攻める経営」をすることが可能になるからです。

大事なのは、相手目線メガネをかけて、まずは目の前の人の気持ちを理解し、それを汲み取った上で先に行動を起こすこと。そのアクションが、組織の中での円滑なコミュニケーションを生み出すのです。

「相手目線メガネ」ポイント㊾
社長にとって1番の気がかりは、社員たちが自分と会社と心を同じくしているかどうか。思いが通じ合っているのなら、社長の不安はかなり軽減されます。それは思いを口に出して初めて伝わること。

報われない努力を「報われる」に変える、相手目線メガネの魔法

経営者に評価される、認められる……言うまでもなく、社員にとってとても嬉しいことです。仕事へのやりがいにもなりますし、社長のためにもっと頑張りたい！という気持ちになるのも当然なことでしょう。

けれどもすべての経営者が、社員1人ひとりが何を考えて行動しているかという一挙手一投足に目を向けていられるわけではありません。社員の行動すべてを把握して、正当な評価につなげていくことは現実問題として難しいのです。

そうなると、陰の努力や見えない努力というものはなかなか表に出てこないものですから、せっかくの頑張りが「報われない努力」になってしまうことも少なくありません。

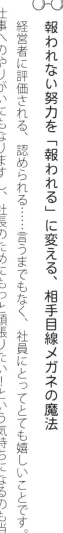

社員にとって、「報われない努力の時間」が多くなればなるほど仕事のモチベーションは下がり続け、意欲を維持するのが難しくなります。

組織のなかで、そんな日の当たらない努力を「頑張れ！」と叱咤するのは、ゴールのないマラソンを走らせているようなもの。それは、いつか倒れることでしか終わることができない不毛のレースになってしまいます。

では、そんな職場にあなたがいるとしたら、どう行動すべきでしょうか。

同僚や部下、先輩たちの見えない努力を、あなたが「報われるもの」に変えていってほしいのです。経営者が社員の行動を自分の目では細かく把握できないことでそうなっているのなら、可能なかぎり把握できるように動いていくことを考えましょう。

すべての情報を知ってもらうことはできなくても、頑張る仲間の社員が「これは見ていて欲しい！知っていて欲しい！」という場面があるはずです。でも、社長はそれに気づくことができない…歯痒いですね。

そこで社長の「相手目線メガネ」をかけて、あなたが代わりの目になるのです。**あなたの周りで頑張っている、上司や部下の影の努力を経営者に気づかせる。**そのためのアクションを起こしてみましょう。

具体的には、「Aさんの対応にお客さんがとても満足されていましたよ。」「Bさんがこんな努力をして、そのおかげでこんな成果が得られました。」「Cさんがこういう声かけをみんなにして、

チームがこんなふうに変わりました」――本来、経営者が持た**なければいけない目をあなたが代わりに持ち、みんなの陰の努力を報告して、社長に「見える化」してあげれば良いのです。**

「自分以外の人の良いところばかりを報告するのって、自らの出世を妨げる行為になるのでは?」…そんな心配をするかもしれませんが、実は全く逆です。

社長にとっては自分の代わりの目となって、事実を伝えてくれる社員ほど頼りになるものはありません。あなたがそうした存在だと分かったとき、経営者からの信頼は非常に厚いものになります。

加えて、努力を知らされた上司や同僚は、なぜそのことに気づいたのかと社長に聞くかもしれませんね。実はあなたが教えてくれたと社長が答えれば、それを聞いた上司や同僚は、あなたにどんな想いを抱くでしょうか。

彼らのあなたに対する信頼度も、きっとうなぎ上りになるに違いありません。「相手目線メガネ」をかけることで、相手が何を望んでいるのか?を知ることができるので、つねに先回りしながらコミュニケーションを円滑に動かすことができるのですね。

「相手目線メガネ」ポイント㊿

仲間のことを陰で褒める人は、それを聞いている人も嬉しくなるし、それを後で当人が聞いたら、直接褒められるよりも嬉しくなります。そんなみんなが「快」になるようなことをする人は、仲間から絶大な信頼を寄せることができるのです。

第 7 章

望む成果が出なくなる、8つの「自分目線」アクション

【その1】「相手目線メガネ」を無理やり押し付けてはいけない

イソップ童話に、北風と太陽の話がありますね。両者が旅人の外套を脱がせることを競ったところ、北風が力いっぱい吹いて外套を吹き飛ばそうとしたのに対して、太陽は暖かな日差しを照りつけました。すると旅人は、暑さに耐え切れずに自分から外套を脱いでしまったという話です。

「相手目線メガネ」の特徴は、この童話に似ています。無理やり相手にメガネをかけさせようとすると、逆にピントが合わなくなり上手くいきません。自分からかけたいと思う状況に持っていかなければ、意味がないといえるのです。

たとえば、「自分は正しい」「相手のほうがおかしい」という感情があるうちは、いくら「相手目線メガネ」をかけてもピントは合いません。

自分の目線ばかりを重視するうちは、「相手の目線になったら、自分が損をしてしまう」といった気持ちに支配されています。こうした状態の人は、けっして相手目線メガネをかけたいとは思っていないでしょう。

では、どうすれば周囲の人に、自分からメガネをかけさせることができるのか。

その答えは、いたってシンプルです。**あなた自身が「相手目線メガネ」をかけて行動を変えることで、周りの人に「なぜあんなに周囲とうまくコミュニケーションが取れるのだろうか？」と思わせることが大事です。**

つまり、メガネをかける効果を自ら示すことで、周囲はあなたの行動に関心を持つようになります。それを動機づけにして、「メガネをかけてみよう」という気持ちになってもらうことが必要なのです。

人から強要された「相手目線メガネ」では何も見えず、自分からメガネをかけて、目の前の人と良好な関係を作っていきたいという気持ちがなければうまくいきません。

たとえば車のナビゲーションも、何も考えずに導かれるままに運転したのでは、いっさい道は覚えられませんよね。でも自分で興味を持って地図を調べて進んでいけば、目的地までの道は覚えられますし、その途中に何があるのかも記憶することができます。

周囲のコミュニケーションを促して円滑な人間関係を作るには、まずはあなたがメガネをかけて、その効果を周りに示してあげてください。

その上で各々が自らメガネをかけるようになれば、みんなが目指す共通の目的地に必ずたどり着くことができるはずです。

「相手目線メガネ」ポイント㊿

頭では分かっていても「相手の立場に立って行動する」ことは難しい。でも、それを実践して、仲間たちに好かれている人を見たら、「自分もそうしてみたくなる」もの。そこから「相手目線メガネ」の絶大な効果が始まります。

【その2】「自分目線メガネ」だと相手の言い訳の是非が分からない

職場で何かの失敗をしてしまったとき……自分の正当性を主張するために弁解したい、理由や状況を説明したいケースってけっこう多いと思います。

そんなとき、上司から言われますよね、「言い訳するな！」と。とくに昭和のパワハラ系上司は頭ごなしにそのセリフを発しますが、それが「言い訳」なのか、理にかなった「説明」なのか。その線引きは難しいものであることが実は多いのです。では、言い訳と説明の違いはどこにあるのか。あなたが目の前の人の「言い分」を聞く立場の場合で考えてみましょう。失敗した原因がはっきりしていたり、責任の所在が明確な場合は、人は言い訳をすることはありません。というより、できません。**人が言い訳をするのは、結果に対して、その人自身が何か特別な事情を加味しないといけないような理由が存在する場合です。因果関係に曖昧で不確かな部分があり、「自分には非がない」ことを伝えたかったり、「どうしようもない状況だった」「うまくいかなかったがやるべきことはやった」——そう伝えなければ自分の評価が下がってしまうという危惧がある場合に、人は「言い訳」をしたくなります。**

言い訳というのは面白いもので、聞いている側が、失敗の原因がその人にあると認識している場合は「言い訳」や「弁解」に聞こえてしまいますが、その人の責任ではないと思っているときには、単なる「状況説明」に聞こえます。

聞き手側がどう認識しているかによって、同じ話でもその本質が変わってしまうわけで、これはある意味とても危険なこと。**あなたが自分目線で「相手に非がある」と潜在的にでも思っているると、実際には「説明」であっても、「言い訳」に聞こえてしまうわけです。**

これは簡単に文章にしていますが、実はとても核心的なことで、要は目の前の人の言っていることが「言い訳」に聞こえるのか、「状況説明」に聞こえるのかは、聞く側が主導権を握っていると言うことです。

つまり、相手が必死に言い訳をしているという風にあなたが感じているということは、相手との信頼関係が十分ではないということです。なぜなら、あなたが相手のことをしっかりと理解していたら、その説明は「状況説明」にしか聞こえてこないはずだからです。相手はあなたが自分を常日頃から理解してくれていないと思っているので、必死に「自分には非がなかった」ことを叫んでいるのです。自分を守るために…**目の前の相手が言い訳を言わざるを得ない状況を引き出しているのは「あなた自身」であったなんて、気づいている人の方が圧倒的に少ないのです。**

だからこそ、必要となるアイテムが「相手目線メガネ」ですね。

「相手目線メガネ」をかけて、相手の気持ちや状況、能力や仕事に対しての成功確率などを毎日つぶさに把握し、コミュニケーションを通じて信頼関係を作っていく。

そういうことができていれば、相手はあなたを「快」の存在として感じているので、何かの仕事上のトラブルが発生したときにも、自分を過剰に守る必要はなく、まずは優先的にそのトラブルを回避・対応するために素早くあなたに報告し、行動するようになるでしょう。

言い訳に聞こえるのか、状況説明に聞こえるのか、それだけでも目の前の相手との人間関係が良好なのかどうかのリトマス試験紙と言えるのです。

優れたリーダーの元には、仕事がデキる部下が多く集まります。それは、チーム内の人間関係が構築できているので、自分を守らなければならないような時間（ロスタイム）は発生せず、仕事に集中できるので、当然成果も上がります。

あなたの周りの人があなたに報告する内容は、「言い訳」に聞こえますか？　それとも「状況説明」に聞こえますか？

1週間ほど記録をとってみると、あなたとの信頼関係の度合いが分かりますよ。

「相手目線メガネ」ポイント㊾

目の前の人の話を聞いて、その内容の良し悪しを判断するのは聞く側の主観。信頼関係のできている人の話が「自分を守らなければならない言い訳」に聞こえるときにはまだまだあなたとのコミュニケーションが足りていないということですね。

【その3】「相手目線メガネ」をかけずに「正論」を言ってはいけない

ふだん、あなたが自分目線メガネをかけ続けているとしたら、そこには「自分が中心」という価値基準しかありません。本来持たなければならない視点は、盲目的な自分目線での「正論」に支配されて、視界不良になってしまいます。

あなたが向き合う相手も同じことで、相手にも相手なりの正論があり、それを侵されるとあなたを「不快」認定するケースだってあります。

そんな関係性では、「快」を感じる仲間にはなれないですし、職場のなかでもビジネスにおいても、コミュニケーションがうまくいくことはなかなかないでしょう。

お互いが自分目線での正論をぶつけ合ったとき、仮に相手を論破して「説得」しても、「納得」することはありません。議論に終止符が打たれたとしても、心の底からあなたを「快」の存在に感じることはなく、両者の関係性が良好になることはないのです。

だからこそ重要なのが、**自ら「相手目線メガネ」をかけて、相手の正論に入っていくことです。目の前の相手が何を「価値基準」としているのか？　何を大切にしているのか？　何を守ろうとしているのかに焦点を合わせ、その上であなたの正論を相手に寄せていく柔軟性を持ちましょう。**

これは、あなたの信念や大事にしていることを曲げろと言っているのではありません。絶対に譲れない想いの部分は譲らなくとも、譲歩できる部分はあるはず。「相手目線メガネ」をか

けて相手の正論をつぶさに理解して、譲れる部分がどこにあるかを見つけるのです。

あなたの「あり方」を変える必要はありません。でも、その「あり方」は自分目線のような状態ではなにも伝わらないのです。でも、いままでやってこなかった、相手の視点で物事を見るという「やり方」を変えることで、お互いの正論はきっと融合できる部分があるのです。

たとえば今の若者は、会社を辞めたいときに退職代行サービスを利用することが増えているそうですね。昭和世代の上司の多くは、「おいおい、最後くらい自分が挨拶に来いよ」ときっと思うでしょう。

けれども、辞める彼らにとって、それは精神を止んでしまうぐらいの辛いことであるとすれば――。自分目線で正論を言い続けても、相手と分かり合えることは絶対にないのです。

単に相手に正論をぶつけるなら、「退職するときくらい挨拶に来い」ですが、相手目線メガネをかけてみれば、挨拶に来られない、来たくない原因がひょっとしたら自分自身にあるのかもしれない…。そう、厳しい言い方をすれば、最後まで「退職するときくらい…」と思ってしまうような関係性だったから、辞めてしまうのかもしれませんね。

いくら自分目線の正論をぶつけ合っても、そこからは何も生まれません。相手の正論を受け入れるのは難しい場合もありますが、「受け止める」ことはきっとできます。

受け止めた後にあなたの正論を相手に伝えると、相手との距離がグッと縮まることだってあるのです。そのためには、ただやみくもに正論をぶつけ合うのではなく、「相手目線メガネ」をかけて、相手の見えている世界を「客観的に観る」ことが大切だといえるでしょう。

「相手目線メガネ」ポイント㊿³
あなたの正論が曇りひとつないものであったとしても、相手の気持ちによりそうことのない、思いやりのない正論なら、それは相手の心にはひとつも伝わらないのです。

【その4】人はさまざまな「複数のメガネ」を持っているから要注意

人には言うまでもなく、いろんな一面があります。私たちが持っている「メガネ」はひとつではなく、実際には人はいろんな「自分メガネ」を場面によってかけ分けているものです。

たとえば、いつも温厚な人が車の運転になると突然乱暴になるという話はみなさん経験したことがあるかと思います。また、ふだんは積極的にリスクを恐れず行動するのに、外食の場になると、注文するメニューは毎回同じもので冒険しないとか（私のことです）、いつもはドライでクールな人が、お酒を飲むと突然甘えん坊になって周りを驚かせる人もいますよね。

つまり、その人が置かれている状況によって、つけている自分メガネは都度変わるということです。

相手のメガネが今どんなもので、それに合わせるために、今度は自分がどんなメガネをかければ良いのか。そのときの状況に応じて、自らの「相手目線メガネ」をかけ直すという作業は、けっして簡単なことではありません。

つまり、そのときどきのシチュエーションを踏まえ、相手の気持ちがどのような状態かを推し量る…。こうした一見高度な「相手目線メガネ」のかけ方が、比較的簡単にできるようになる方法があるのをご存知でしょうか。

それは…。あまりにシンプルであり、歴史のある方法なのですが、**「メモをとる」ことによって記録を残しておくという方法が一番効果的なのです。**

人は忘れてしまう生き物です。でもメモとして書いておけば、ずっと記録は残りますね。今はスマホがありますので、鉛筆や紙が無くても即座に記録を残すことが可能です。

場面に応じた相手の行動や、そのときに感じたあなたの想いをメモしていくことで、「相手目線メガネ」のレンズのかけ替え方を自分なりに把握していくことができます。

少しずつ相手の行動や言動をメモしておいて、どの場面でどの「相手目線メガネ」をかければ良いのかを把握していく——そうした努力をすることで、実は人間関係は飛躍的に良くなるのです。

以下のメモが、私がスタッフに対して記録しているメモです。

○○さん
・季節の変わり目になると朝から機嫌が悪い。そういうときは仕事のスキルの高いスタッフを部下につける
・彼のこだわりの強い仕事が職場の仲間にミスされるとイライラし始めるので、最終チェックは必ずさせる
・飲み会の席になるとお酒を飲まない彼だけど、ベロベロの仲間に最後まで付き合うほどに仲間思い。
・クリエイティブ志向が高いので、なるべく新規の仕事のプロジェクトには彼をメンバーにいれるようにする…etc.

メモを見ていただけたら分かると思いますが、同じ1人のスタッフであっても、季節によって、働いている仲間によって、診療日によって、天気によって……そのスタッフがとる行動は大きく異なるのです。

でも、その行動は紛れもなく1人の人間が起こしているものであり、それを何の知識もなく応対していたら、先日は、この件で笑顔だったのに、今日はなんで泣いているんだ…」と理解不能に陥ってしまいます。

だからこそ、目の前の1人ひとりの行動をあなたがつぶさに記録する――メモを取ることです。

それを続けることで、しばらくすると蓄積されたデータがリンクし始めて、あなたの視界が一気に開けます。

ここであらためて、「相手目線メガネ」の核心を理解してもらうために大切なことを話しておきましょう。

多くの人は、自分の行動が周りの人に影響することで、そのときどきの結果や事象が現れていると思い込んでいます。

けれども、実は違うのです。**あなたの行動を評価しているのは、あくまでも周囲の人。あなたが親切だと思って行動したことも、目の前の人が「ありがたい」と思うか、「おせっかい」と思うかで、結果は大きく違ってきます。つまり、あなたの行動を判断するためのボールは、つねに相手が持っているのです。**

いくらあなたが、「こんなに心を込めてしたことなのに！」と思っても、相手には伝わるとは限りません。だって、それをどう思うかは、相手次第なのですから。

このことは、夫婦関係やパートナー関係、労使関係などでトラブルが起きているとき、まったく同じことが言えます。自分目線メガネをかけ続けて、いくら自分なりの「正しさ」を主張しても、決して相手には届かないのです。

ではどうすれば、自分の行動を相手の心に響かせることができるのか。

それはひとえに、「相手がどのような状況なのか？」を知ることです。相手が「おおらか」な気持

@マイナスなことが起きてても、プラスで表現する

(例)色が合わないと思う。→違う色の組み合わせも考えてみよう

てんやわんやしていると思う。きちんとまわせてるかなあ→
〇〇先生がいるからきっとチームワークよくやってると思う。

@AとBという事象がつながっている事をわかっていない

たとえBに問題がでても自分のことが完結することが第1なので、
そういう場面では丁寧に説明してあげる。

@感情の起伏レベルは子供と同じくらいのときがあるので、しっかりと論理づけた対応が必要

@仕事と〇〇の両立ができない。
⇒やめるのは〇〇であって仕事ではない。

本業はそっち
なんだから。

→でも、〇〇がその人の人生の支えになっているのなら、
〇〇の状況をいつも気にしておくことが重要

@やらせていただいているのではなく、
やってやってるという感覚をもっているので、
感謝をいつも口にだしてもらって気付いてもらう。

@何かあった時にまずは人を疑う。

→自分は正しいという固定観念がある。
⇒その場でジャッジさせないということが大事

@下に対しての指導もきつすぎるので、
なるべく1対1では指導につけないようにする。

ちでいるから、受け入れてくれるときなのか？　それとも、「イライラ」しているので、喧嘩になってしまうときなのか？　その見極めがまずは重要で、それを知るためのアイテムが、「相手目線メガネ」です。**この世の中の多くは「相手がボールを持っている」ことに気づくと、一気に好転します。**繰り返しますが、自分の行動で相手を変えることはできないのです。

でも、相手の状況を推測して〈相手目線メガネをかけて〉動けば、活路が開けることもあります。今まで、「相手目線メガネ」について何度も話してきましたが、実はこの考え方こそが、「相手目線メガネ」の真髄なのです。

そして、自分が何もしないのに、目の前の相手が自分に合ったメガネをかけてくれる（近づいてきてくれること）ことは決してありません。

なぜなら、「相手との距離感を縮めることができるのは、あなた自身しかいない」からです。好意の返報性は、待っていても実現できないことをあらためて理解してほしいと思います。

ちなみに私はよく、人と人のコミュニケーションにおいて注意すべきことに、「〝NO感〟（ノーカンン）」にならないことが大切」と話します。相手との距離感や温度感をうまくコントロールするには、相手との感覚をずらさないことが大切です。

ゴルフの用語に「ノーカンパット」というものがありますが、グリーン上でのパットの距離感を上手につかんでカップインさせる人と、5メートルのパットを長く、もしくは短く打ち過ぎて大きく外す人がいるのと同じです。

感覚のずれによって、結果が大きく違ってきます。感覚のずれは「相手目線メガネ」になっていないことで起こりますから、ぜひあなたも「NO感」にならないよう、相手との距離感を上手に定めてほしいと思います。

「相手目線メガネ」ポイント㊹
目の前の相手からあなたに寄り添ってくることはありません。なぜなら、相手との距離感を縮めることができるのは、自分しかいないからです。

【その5】令和のいま、謙遜から陥る「自分目線」のワナがある

謙遜や謙譲は日本人の美徳として長く尊重されてきました。もちろん私たち日本人の長所や強みであることに変わりはないのですが、近年のワールドスタンダードでの捉え方としては、必ずしもメリットにならない場面も増えているようです。

例えば、海外で自分をへりくだって見せることは、イコール「自信がない」「自己主張がない」ととらえられ、セルフプロデュースとしてはマイナス要素が大きいと言われるようになってきたわけです。

日本人特有の立ち居振る舞いでもある「謙遜」や、人を「慮る（おもんばかる）」という思考。海外で誤解されがちに受け止められるのと同様に、実はわが国の中でも、これまでの理解とは違っ

た要素が表れてきている面があるから注意が必要です。

それは、世代の違いによる感覚の違いであり、新たに生まれた若者特有の思考回路というべきものかもしれません。つまりは、こういうことです。

日常の対人コミュニケーションのなかで、本来なら厳しく声をかけなければならないときに、相手のことを慮り（気を遣い？）、オブラートに包んで話をすることがありますね。

今までなら、「これは私のことを思って優しく言ってくれているんだな…その優しさに応えなければいけない」とやる気を上げたものですが、今の若い世代の人は、少し違った受け止め方をするようです。優しい言葉を真に受けて、「あっ、それでいいんだ」「ありがとうございます！」と自分目線メガネ的な誤解をしてしまう人が増えているのです（苦笑）。

私もクリニックで来院者さんからのクレームが生じたとき、クレームを起こした本人に代わって私が対応した際に、当事者であるはずのスタッフ本人は「ありがとうございます」と笑みを浮かべ、「自分はこれでクレーム対応から外れていいのだ」と他人事にしてしまうことがあります。

「これはキミのクレームなのだから、どのように私が対処するのか、最後まで目を光らせて必要なところを吸収しないとダメだよ！」——そう伝え、本人をその場に添わせて最後まで一緒に対応していきました。

相手を慮る対応をしたつもりが、こちらの意図しない行動に面食らうことは、世代の異なる対人関係ではとくに多く起こります。だからこそ、相手の姿にあきれてしまうことがないよう「相手目線メガネ」をかける必要があるわけです。

大切なのは、相手がこの場面でどのように感じているのか、状況をどのように理解しているのかを知るために、話を最後まで聞いてあげることです。

「きっと理解しているだろう」「常識ならこのように理解するはずだ」というあなたの自分目線を捨て、相手の想いを最後まで聞いてあげなければ、世代間の感覚のギャップは埋められません。「NO感」な状態を変えるには、相手目線メガネをかけてじっくり対話することが欠かせないのです。

謙遜や相手を慮るという思考は、ときに相手のためにならないことを、今の時代は肝に銘じる必要がありそうです。

「相手目線メガネ」ポイント55

こちらの意図を察してくれる時代はとうに終わっています。相手がどのように理解しているのかを確認しなければ、思わぬ見解の相違がうまれてしまうものです。

【その6】「若さアピール」は相手のメガネに「ギラギラ&ムリムリおじさん」と映る

職場の飲み会のあとの二次会に、みんなでカラオケに行ったとしましょう。若手社員をはじめ、中堅・ベテラン社員みんなで集ってカラオケに行くなんて、風通しの良いコミュニケーションのよく取れた会社だと感じますよね。

そこでおじさん課長が頑張って、「よし！今の若手社員に合わせて新しい曲を入れちゃおう！」と張り切り、半年くらい前の曲をチョイスしました。ところがその曲を目にして、若手社員が苦笑いでドン引き…課長はえらく凹んで、ただでさえひどい音程が狂いまくった…という光景を想像してしまいます。

おじさん社員にとって最新であるはずのリリース半年前の曲は、若手社員にとってはもはや懐メロ（これも死後ですね）。流行の最先端を行く若者とは時の流れるスピードがもはや違いますから、そこに合わせようとしてももはや無理。結果、若者たちの失笑を買ってしまうことになりかねません。

若い人はおじさん世代に対して、若い自分たちの価値観を認めてくれたりすることは好意的に受け止めやすいのですが、あまりにも度がすぎると逆に、「無理している」「ギラギラしている」と思われて逆効果になります。

相手の世界や領域に無理やり入っていこうとすると、嫌悪感をもたれるリスクがあります。それよりも、若手が歌っている曲を「知ってる、流行っている曲だよね」、「この曲、娘が好きなんだよ」と喜んであげるだけで十分です。

若手の価値観に合わせながら、自分は半歩か一歩下がって彼らを活躍させてあげることで、好意的なメッセージとして相手に伝えることができます。

職場での上下関係には確かな区別があるのですから、仕事が終わったあとのプライベートに

までそれを持ち込むのは自分目線メガネの極致といえるもの。ここは相手目線メガネをかけて、若手のポジションを尊重する側に回りましょう。

そうすれば、「上司が喜んでくれたから、また教えてあげよう」と若手は思うでしょうし、今度は相手が「相手目線メガネ」をかけて、あなたの価値観に寄り添ってくれることだってあり得ます。

年齢や間柄、職場での関係性を問わず、相手が得意なことであれば半歩下がって相手に譲る。そのバランスが、良好な人間関係を作ります。「過ぎたるは及ばざるが如し」とはまさにこういうことなのです。

「相手目線メガネ」ポイント(56)

職場でいつも上にいる存在の上司だからこそ、そこから離れたときに、部下の価値観を認めたり、褒めたりすることは大切。「快」に感じる関係性は仕事においても必ず良い循環を生み出すものです。

【その7】「邪推」はあらゆる場面で「百害あって一利なし」

スマホのLINEコミュニケーションのなかで、なかなか既読がつかないとき…。急ぎの連絡であるならなおさら、送ったあなたはイライラしますよね。

または「既読スルー」で返信が遅いときも、「何やっているんだろう！」とストレスを感じる経験をしたことは多くの人があると思います。

けれど、相手にだって都合があるでしょう。すぐに返せない状況にあるのかもしれませんし、すぐにはスマホを見られない場所にいるのかもしれません。

もうひとつ言えば、「そもそも論」になりますが、LINEでメッセージを勝手に送りつけているのはあなたの方なので、あなたはメッセージを送ったのだから、相手はそれについてすぐに反応しなければいけない！なんて自己中心的な考え方は「自分目線メガネ」の境地といえますね（笑）。

また、こんな例もあり得ます。いつも定位置に置かれている物が、たまたまそこになかったとします。Aくんがその場所に置いたはずなのに、なぜかいつもの場所にない。

Bくんは Aくんに向かって、「なぜいつもの位置に置かないんだ!?　あれほど言ったじゃないか！」と頭ごなしに言ってしまうとどうでしょう。

でもAくんにとって、置きたくても置けない何かのトラブルが生じたのかもしれませんし、やむを得ない事情があったかもしれないのです。

人は誰しも、「自分が正しい」「自分は間違っていない」という主観的な考え方が先行するために、相手の考えを深くまで理解していないときにはなおさら、自分ではなく「相手が間違っているはず」「勘違いしているはず」と考えてしまいます。

相手の心理や行動を勝手に自分が想像する「邪推」によって、相手が悪いと一方的に決めつけてしまうわけです。

そんな自分目線メガネになってしまうと、相手も自分目線メガネをかけている場合は必ず、お互いに不信の関係に陥ります。

この「邪推」は自分目線メガネの最たるもので、人間関係を損なう大きな要因になることの多い、厄介なものです。

ではなぜ、人には邪推が生じてしまうのでしょうか。

私たちは目の前に何かの不確かな状況、事情の分からない場面が現れると、それを無理にでも確定させることで「安心したい」という心理がはたらきます。

というのも人間は不安定な状態を嫌う生き物ですから、不確かな状況を取り除いて安心したいがために、相手はこうであるはず、こうに違いない…というレッテルを貼りたがります。つまりは、邪推するのです。

実際には相手のことは何も知らないし、見てもいないのに、自分の都合で「おそらくこうだ

今がチャンスなはずだ！
攻め落とせ！

ろう」という邪推で決めつけて、安心しようとするわけです。

けれども、邪推の内容が当たっていることなんてほとんどありませんから、結果として相手の信頼を失ってしまう。人間関係にヒビが入る要因のひとつになってしまいます。

人間というのは「自分が疑ったこと」はすぐに忘れますが、「自分が疑われたこと」はなかなか忘れることはできない生き物です。これはよく、「人から借りたものは忘れるけれど、人に貸したものはどんな小さなものでも覚えている」と昔から言われることと同じです。

邪推によって疑われた人は、そのことをなかなか忘れることができません。小さなことも積もり積もれば、人間関係に致命的なあつれきを生んでしまいます。

では、邪推という元凶を生むことなく、自分にストレスを感じないようにするにはどうすれば良いか。

大事なのは、その場ですぐに「ジャッジしない」こと

です。私はこれをパワーワードにしています。

目の前に、「あれ？」という何かの不確かな状況が生まれたとき。自身の不安を打ち消し、ストレスを感じずに状況を安定させるには、「すぐにジャッジしない」と心の中で唱えるのです。**本当のことが分かるまで、自分でジャッジすることを避ける。自分目線メガネを外して相手目線メガネにかけ替え、時間を置き、状況を確認することで、正しい対処法が見つかって相手への感じ方が違ってくるはずです。**

ちなみに、先ほどの物を定位置に戻さなかったＡ君のケースですが、話をよく聞いてみると、物を定位置に置く前に、仲間に緊急のトラブルが起き、他の誰もそこに手助けにいくことができない状況だったので、業務を一旦離れて、その仲間を助けに行っていたとのことでした。自発的に仲間を助けに行き、業務を滞らせなかったＡ君を「物が定位置に置かれていないじゃないか！」と背景を何も知らずに叱責するあなたをＡ君は間違いなく「不快認定」するでしょうね（泣）。それはあまりにももったいない行動です。

「すぐに判断したい！」「すぐに目の前の問題を解決したい！」

そんなときこそ心に余裕を持ちましょう。**「ちょっと待て。すぐにはジャッジしなくていい」という言葉を自身にかけてあげる**ことによって、無用なストレスにさいなまれることも少なくなると思いますよ。

「相手目線メガネ」ポイント㊼
事実関係がはっきりしていない状況で、「自分目線メガネ」でジャッジすることは取り返しのつかない誤解を生む危険性があります。確信がもてないときには、「ジャッジは保留する」という呪文の言葉を唱えてください。落ち着きます（笑）。

【その8】「ダメ」という見立てで接すると相手の成長はストップする

１９６８年、アメリカの心理学者のロバート・ローゼンタールと、ある小学校の校長だったレノア・ジェイコブソンがある実験をした有名な話があります。

生徒の成績に関係なくシャッフルされたそれぞれのクラスを、「成績の良い子とそうでない子に分けた」と教師にウソの説明をして、各々授業を担当してもらうことにしました。

その結果、「成績の悪い子」と教えられたクラスはどの教師が入っても成績は上がらなかったのですが、「成績の良い子」と言われたクラスは、どの子も総じて成績が上がるという結果になったそうです。

つまり、**教える側がはなからダメだと思えば成果は上がらないし、この子たちは伸びると思って接するとその通りに伸びる。人は他者から期待されていることが分かると、期待された通りの成果を出す傾向があり、そうでなければ逆の結果になるということが分かったのです。**

これは、同様の話のギリシャ神話にもとづいて、「ピグマリオン効果」という心理学の法則として知られています。

このように、相手のことを否定して見ると、自分目線メガネはいっそう視野が狭くなってしまいます。大事なのは、あなた自身が相手のことを良い（快）と思っているのか、悪い（不快）と認識しているのかの違いによって、目の前の人の成長の度合いは変わってしまうということです。

「こいつではきっとダメだろう…」という思い込みで占められた自分目線メガネは、相手の未来の扉を閉め、あらゆる可能性をせばめてしまうことを私たちは強く認識する必要があります。

そして、**「きっとできるはずだ」「もっとやれるはずだ」という、目の前の相手の可能性を信じて接すれば、人は伸びていく**ということの重要性は先に例に挙げたローゼンタールの実験で証明されています。

ただ、やみくもに可能性を信じるだけでは、成功の確率は上がりませんので、そこで重要なことは、**「その人の得意なことで勝負させてあげる、仕事をやらせてあげる」**ということです。狭い分野であっても自信をもっているものがあるなら、それをやらせてあげることによって、成功体験を積み上げていく…。そう、ここで「相手目線メガネ」の装着ですね！

目の前の相手は、「ダメ」「無理」「できない」…そんな悪の先入観など取っ払って、相手目線メガネをかけて、相手の良いところ・得意なことを見つけてあげて、そこから「できる」と信じて支えてあげましょう。きっとその人の成長スピードはグンとあがるはずです。

ちなみに、その人にとって「得意（長所）」というのは、私たちのクリニックでは以下のように定義しています。

「得意（長所）」とは、生まれ持った資質であり、無理をしなくても頑張れるもの、さらにいえば、努力しているという考えではなく、夢中になって頑張れるものであり、その人の長所のことです。

私たちのクリニックでは、それを「ギフト」と呼び、全員がそれを尊重して、認めています。嫌々やっている仕事のスキルはなかなか成長することはないですが、自分が得意で夢中でやっていることは、加速度的に成長していくものです。そして、その成長は「成功体験」という経験値が貯まり、それは苦手だった別の分野にも良い影響を与えるからです。

例えでいうなら、当院でも来院者さんからの評判が良いのは、やはり元気で快活なスタッフであるのは正直なところですが、それだけでは当然クリニックは成り立ちません。

人知れず、診察室の裏にある滅菌室をいつもきれいにしてくれたり、誰にも知られないままに椅子をいつも掃除してくれたりしてくれる、そういうスタッフもいるわけです。いや、そういうスタッフがいるからこそ、前線で働くことが得意なスタッフの力を十二分に引き出せているると私は強く思っています。

そして、患者さんの前ではちょっと口ベタだったスタッフも、裏方をがんばっていることに自信を持ち、精度を高めていくと、周囲のスタッフから認められるようになり、別の仕事でもまたみんなから役に立っていると喜ばれたい！と感じ、自身の得意分野を広げていくのです。

その「得意分野」を見つけることができるのは周囲の仲間たちです。自分の姿は自分では見れないので、自分のどの部分がほかの人や職場の役に立っているのかが、なかなか自覚できません。だからこそ、**上司や周りの仲間が相手目線メガネをかけて一緒に探し、それを伝えてあげなければいけません。**

お互いの良いところを探していく作業は、一度やってみれば分かりますが、なかなかに心地の良い、幸せなものです。

相手を肯定していく目線をみんなが大事にすることで、その組織やチームは必ず成長の軌道へと乗っていきます。前向きでお互いを尊重する幸せな空気に職場が包まれていくことを、ぜひみなさんも実感してください。

「相手目線メガネ」ポイント㊳

「ギフト」を見つけることが人生においてもっとも大切な目的。でも、それは自分１人で見つけることができない。なぜなら「ギフト」とは、周りの人を「快」にすることができるあなた自身の特殊能力だからです。

あとがき

時代は令和に入り、個人の価値観もひと昔前とは大きく違ったものになっています。

たとえばデジタル社会全盛のなか、世の中が便利になり過ぎ、私たちは「待つ」ということがとても苦手になりました。

インターネットサイトの閲覧時の切り替えひとつにしても、わずか2秒や3秒が待てない。宅配便の物流も1日待たされるだけでイライラする、また今のヒット曲って前奏や間奏をほとんど入れないというのも、待つことが苦手になった今の私たちに呼応したもののようです。

精神的に「自分の都合」以外のものを許容できる範囲がすごく狭くなっていて、自分目線でしか物事を見られない人が増えたという象徴的な表れのように思います。

昨今のＡＩの進展やさまざまなデジタルツールの開発もあり、世の中の利便性がいっそう高まっていく流れは、もはや止めることはできません。

そして便利さが高まれば高まるほど、自分都合を優先して自己完結できる状況が増えていく…。他者の都合や事情に左右されない気楽さや、自由さが高まるメリットはありつつも、一方で人とのコミュニケーションが億劫になったり、人間関係の希薄さを生んでしまう流れも加速しているわけです。

そうした時代の流れに抗い、人とのコミュニケーションをより良いものにしながら、自分にとっても幸せな状況を作るには？——その方法を紹介したくて、私は本書をまとめました。

自分が「相手目線メガネ」をかけることで、状況が良くなる？それって他人に迎合しているだけじゃない？…そんなふうに思ってしまう人もいるかもしれません。

でも、相手目線メガネをかけるという気づきを得てもらうことで、今よりもずっと状況が良くなる。そのための一歩は、相手が自分に優しくしてくれることを期待するのではなく、**自分から相手に歩み寄ることで、今までなかなかほどけなかった「人生の知恵の輪」がいとも簡単に外れていくことを知ってほしいのです。**

〝他責の社会〟と言われる現代…誰かが悪い、社会が悪いと考えがちな今の世の中で、まずは自分からアクションを起こすこと。そのきっかけになるアイテムが、本書で紹介してきた「相手目線メガネ」なのです。

この新たな気づきを得ていただくことが、あらゆる方の幸せな人生につながっていけば私もうれしく思います。

最後に、私がこの本に込めた想いを話したいと思います。

いま、リアルな人間同士のコミュニケーションが希薄化する世の中において、「人と人は、本当は分かり合える」という可能性を諦めてしまっている人があまりに多いと思います。
でもその状況下において、私自身がここ数十年で確かめたかったこと。私の人生の生き様として、そしてスタッフ数が50名を超えるだけでなく、3年離職率が7%という「誰も組織を離れたがらない」という歯科医院を作り、今なお成長することで、「相手目線メガネ」というものがどれだけの効果があるのかということを証明したかったからです。

日本人にはおそらく、「してもらったことはそれ以上にお返ししたい。それはモノだけではなく、それがなかったとしても気持ちだけでもお返ししたい」という「返報性の法則」が他の民族の方よりも、DNAとして脳に刻み込まれているのではないかと思います。

奪い合う人生は、自分も他者から奪い、そして、自分も奪われます。でも、与え合う人生は、自分が他者に与える行動をとり続けることになりますが、それ以上に周りの人からも与えられる人生になります。

ちなみに、当院のスタッフたちにはこんなエピソードがあります。
ある患者さんから10個くらいのケーキを差し入れでいただいたことがありました。
そのケーキはみごとに全種類違うケーキでした。ケーキが差し入れられたことで、若い女の子が多い職場ですので、彼女たちは狂喜乱舞、どんなケーキが食べられるのか楽しみで、仕事にも精が出ますよね。

午前中の診療が終わると、数名のスタッフがそのケーキに集まってきます。通常で考えれば、まだ仕事が終わっていないスタッフは、「早く行かなければ美味しいケーキが取られてしまう！」とヤキモキしてしまうでしょう。

そして、「私はこれが食べたい！」「私はこっち!!」といった、まさに「奪い合う」行為が展開されるかもしれません。

でも、当院のスタッフたちは違いました。数名のスタッフが10種類のケーキを並べて、「チョコレートケーキは伊藤さんが好きなので、これは伊藤さんかな？」「ショートケーキは長谷川さんがいつも食べてるよ」「いちごのタルトは人気だから、新人の加藤さんにまずは食べるか聞いてみようか？」というように、**自分が何を食べたいのか？ではなく、仲間が何を食べたいのだろうか？と、まさに「相手目線メガネ」をかけて、その仲間が喜んでくれるんじゃないかと想像しながらケーキを選んでいたのです。**

私はその光景を見て、この「相手目線メガネ」という考え方が、自分も自身の周りの人の人生をも豊かにする、そんなアイテムになると確信し、この本を執筆することを決めたのです。

私はこの世の中は、「鏡の法則」でできていると思います。みなさんは「鏡の法則」をご存知ですか？

これは、自分の目の前にいる人は、何の関係もなくそこにいるのではなく、何かの共通点を持っているから自分の目の前にいる、だから、その人は自分の鏡に映った姿…というお話です。

たとえるなら、ゲームが好きな人の周りにはゲームが好きな人が集まります。ゴルフが好きな人の友達には、ゴルフが好きな人が多いでしょう。カフェ巡りが好きな人の友達にはカフェ巡りが好きな人が多いと思います。

それと同様のことが、次のようなことでも言えます。

それは、あなたが人の悪口をいつも言っていれば、あなたの周りには人の悪口を言う人が集まるということ。そして、あなたのいない場所できっと、その人たちはあなたの悪口を言うでしょう。

でも、安心してください。あなたが人のために見返りを求めずに動くことができるような人ならば、あなたの周りにはそれをしてもらったことで、あなたのために見返りを求めずに動こうとする人が集まってきます。

そんな素敵な人に囲まれて毎日を過ごすから、あなたは本当に幸せな人生を歩むことができるのです。

そうなんです。**あなたの人生で起こることの多くは、あなたの思考と行動が現実化していることなのです。**

もちろん、すべてではないでしょう。でも、8割以上の出来事は、あなたの行動の積み重ねの結果だと断言できます。

だからこそ、より良い、より幸せな人生を歩みたいと思ったときに、あなたの周りにいる人々がみんな「あなたの味方」だったら、毎日がどれだけ安心で、どれだけ幸せでしょうか？

そんな「あなたの味方」に囲まれる人生を歩むために、必要なこと……。

ここまでこの本を読まれたみなさんなら、きっと分かるでしょう。

そうです。**まずはあなたの目の前にいる人の「味方」に、あなたがなればよいのです。**

そうすれば、**その目の前の人は、あなたの味方になってくれる可能性が高まります。**

だって、何の見返りもないのに、自分の味方になってくれる人なんて、今の時代ほとんどいないのですから。そんなあなたのことを、その人はきっと大切にしてくれるはずです。

「大切にしてくれる」――それは、「あなたの味方」になってくれるということです。


「相手目線メガネ」というアイテムは、この世に実在はしていません。

でも、**心の目でそれを装着するかしないかの判断は、すべてあなたに委ねられています。**

世界には70億の人間がいるそうです。でも、そんな大袈裟なことではなく、大切なのは、あなたの毎日の生活の中で、あなたに関わる人々の数はそんなにも多くはないということです。

だからメガネの数だって、それほどたくさんの数は必要ありません。**あなたの周りにいる人たちのメガネをかけてみるだけで、あなたの人生はきっと一気に好転します。**

そして、家族。身内であるが故に、他人には言わないようなキツい言葉で喧嘩をしてしまったり、子供と口論になってしまうこともあるでしょう。職場の仲間にはうまく人間関係が構築できるのに、どうしても家族には素直になれずに悩んでいる人もたくさんいることでしょう。

でも、「相手目線メガネ」をかければ状況が変わることを今の時点で知っているのは、残念ながらこの本を読んだあなただけなのです。

「相手目線メガネ」の存在を知らない人が、向こうからあなたの価値観に寄り添おうと思ってくれる人はごくわずかでしょう。だからこそ、「あなたから動く」のです。

1日や2日の行動で相手が変わるほど、簡単な話ではないかもしれません。でも、「相手目線メガネ」は積み重ねることで効果が発揮されます。

いつも、あなたの目の前にいる大切な人がどんなことを考えているんだろう。いつもなぜ「不快」にさせてしまっているのだろう？　そして、これから何をしたら、「快」にすることができるのだろう？　そう想像してみてください。

きっと、あなたの大切な人はしばらくしたのちに、あなたにとってかけがえのない「味方」になっていることでしょう。

あなたから「相手目線メガネ」をかけて接すれば何かがきっと動き出すでしょう。あなたの行動の全てがあなたの未来です。

さあ、あなたの目の前には今、誰が立っていますか？

「相手目線メガネ」を装着してみましょう！

山村よしあき（やまむら・よしあき）

3万人の〝相手目線メガネ〟をかけるハイパー歯医者さん。

不動産業を営む両親のもと、愛知県に生まれる。勤務歯科医師を経て、自院を開業。一時期、スタッフとの人間関係、経営などのすべてがどん底になるも、患者との向き合い方、医院スタッフとの接し方、医院経営のスタンスを「自分目線メガネ」から「相手目線メガネ」に変え、すべてが好転する。

2023年現在、スタッフの3年離職率が30%を超える歯科業界において17年連続8%以下を達成。1日140名の患者さんが来院する地域1番の大型歯科医院になる。

「相手目線メガネ」の大切さを啓蒙することを人生の目的としている。

＊講演依頼はこちら
junior.com@icloud.com

職場関係《しょくばかんけい》がラクになる〈相手目線《あいてめせん》メガネ〉コミュニケーション仕事術《しごとじゅつ》

2023年11月6日　初版発行

著　者　山村よしあき
発行者　和田智明
発行所　株式会社　ぱる出版

〒160-0011　東京都新宿区若葉1-9-16
03(3353)2835—代表
03(3353)2826—FAX
印刷・製本　中央精版印刷(株)
本書籍に関するお問い合わせ、ご連絡は下記にて承ります。
https://www.pal-pub.jp

© 2023 Yoshiaki Yamamura　Printed in Japan

落丁・乱丁本は、お取り替えいたします

ISBN978-4-8272-1395-9　C0034